계엄으로 보는
한국현대사

게임으로 보는 한국현대사

2025년 12월 01일 찍음
2025년 12월 03일 펴냄

지은이   이일속
펴낸이   이상
펴낸곳   가갸날
주소   경기도 고양시 일산서구 강선로 49, 402호
전화   070.8806.4062
팩스   0303.3443.4062
이메일   gagyapub@naver.com
블로그   blog.naver.com/gagyapub
페이지   www.facebook.com/gagyapub

ISBN   979-11-94205-07-4 (03340)

계엄
으로 보는

이일속 지음

가갸날

한국
현대사

책을 펴내며

2024년 12월 3일의 비상계엄을 한 비정상적 대통령에 의한 해프닝으로만 보아서는 안된다. 1987체제가 확립된 이후 세계가 부러워할 만한 민주화를 이룩한 게 사실지만, 그럼에도 민주주의의 뿌리를 흔들며 권위주의독재로 회귀하려는 흐름 역시 강고하다. 그 일탈적 표현이 12·3계엄이다. 한국사회를 큰 충격에 빠뜨린 비상계엄은 완전 진압되었는가? 아니다. 계엄을 옹호하는 세력은 여전히 건재하다.

그럼 무엇을 할 것인가? 무엇보다 앞서 12·3계엄의 진상을 제대로 규명하는 일이다. 책임자에 대한 응분의 단죄 역시 말할 필요도 없다. 하지만 그것으로 충분할까? 국회로 달려가 장갑차를 막아내고 겨우내 아스팔트 바다 위에서 싸우며 민주주의를 지켜낸 시민들이 있는가 하면, '계몽령' 같은 무지하고 전근대적인 정치의식도 횡행하고 있다.

이런 오해는 어디에서 비롯되었을까? '비상대권'非常大權이라는 이름으로 국민의 기본권을 제한할 수 있다는 역사적 경험은 박정희의 10월유신에서 비롯되고, 5공정권을 거치며 확대재생산되었다. 하지만 우리 헌법과 법률은 국가긴급권의 오남용을 방지하기 위한 엄격한 통제장치를 마련해두고 있다. 헌정질서의 파괴를 용납하지 않는다는 뜻이다.

12·3계엄을 올바로 이해하기 위해서는 더욱 심층적인 이해가 필요하다. 해방후의 모든 계엄은 우리의 굴곡진 현대사와 불가분의 관계를 맺고 있다. 이 같은 문제의식에서 지금까지 발령된 계엄을 정치사회적인 측면에서 해부하려 한다. 자연히 이 책의 말미는 12·3계엄에 대한 해부로 채워질 것이다.

모든 것에는 역사적 연원이 있기 마련이다. 해방후 최초의 계엄은 미군정 하에서였다. 계엄이나 다름없는 군정 치하에서 이중의 계엄이라 할 수 있는 계엄이 1946년 대구에서 발령되었다. 미군정 아래서의 계엄이 갖는 정치사회적 함의는 한국현대사에서 대단히 중요하다. 이어서 다룰 계엄은 여순계엄과 4·3계엄이다. 제주 4·3, 그리고 4·3과 연동해 발생한 여순사건을 진압하기 위해 발령된 계엄이다. 신생 대한민국정부가 발걸음을 뗀 지 겨우 두세 달이 지난 시점에서였는데, 계엄법이 제정되기 전의 계엄이라서 위법성 시비에서 자유롭지 못하며 폭력성이 그 특징이다.

6·25전쟁 기간 동안의 계엄은 국가비상사태 하의 총력동원이라는 계엄법의 취지에 유일하게 부합하는 계엄이었다. 그럼에도 뒤늦게 경비계엄이 발령되었다가 비상계엄으로 바뀌는 등 전쟁 기간 내내 비상계엄과 경비계엄, 지역계엄과 전국계엄을 넘나들며 탄력적

으로 운영되었는데, 국민의 기본권 제한에 신중을 기한 점이 주목된다. 다만 1952년 부산정치파동 때 부산과 지리산 일대에 비상계엄을 확대한 것은 야당 탄압 및 대통령직선제를 밀어붙이기 위한 것으로서 이후 한국현대정치사 굴곡의 시원이었다. 이 부분의 중요성을 감안해 별도의 꼭지로 다루었다.

제1공화국을 무너뜨린 4·19 때도 계엄이 선포되었지만 정치적 이용에 거리를 두려 한 군의 미온적 태도 때문에 계엄은 소기의 성과를 거두지 못했다. 하지만 군은 태도를 바꾸어 5·16군사정변을 일으키면서 계엄을 반대세력의 손발을 묶는 도구로 활용하였다. 군사쿠데타로 출범한 제3공화국은 한일회담 반대시위를 억누르기 위해 1964년 계엄을 발령하였는가 하면, 1972년에는 영구독재를 노리고 이른바 10월유신과 연계된 비상계엄을 발동하였다. 이후 우리는 대통령을 직접 뽑는 권리를 박탈당했으며, 이 같은 체제는 1987년까지 이어졌다. 박정희정권의 반민주적 성격은 1979년 부마민주항쟁에서도 여실히 드러났다. 계엄과 위수령을 잇달아 선포하며 무력진압에 나섰지만 권력 내부의 암투 끝에 박정희는 암살되고 만다. 하지만 민주주의의 봄은 오지 않았다. 박정희 군부독재의 후예인 신군부가 박정희 암살과 동시에 선포된 10·26계엄을 이용해 권력을 찬탈하고, 1980년 5·17 비상계엄 확대조치를 통해 국민의 민주화 요구를 짓밟았기 때문이다.

영욕의 한국현대사와 불가분의 관계에 있는 이들 모든 계엄의 정치사회적 의미를 대중의 눈높이에 맞추어 천착하는 게 이 책 집필의 목표다.

목차

5	책을 펴내며

11	해방후 최초의 계엄은 미군정 하에서였다
33	신생 대한민국에 닥친 시련: 여순사건과 계엄
49	제주도를 '피의 바다'로 물들인 4·3계엄령
63	6·25전쟁 중의 계엄과 전시동원체제
79	이승만의 친위쿠데타, 부산정치파동
91	계엄에 정면으로 맞선 민주시민혁명
105	5·16쿠데타: 30년 군부독재의 문을 열다
119	국민을 억누르기 위한 탄압책: 6·3계엄
131	10월유신과 비상계엄
143	거대한 불꽃, 부마민주항쟁
153	신군부의 내란을 불러온 10·26계엄 그후
171	대한국민의 신임을 배반한 대통령의 계엄놀이

187	참고문헌
190	이미지 출처

해방후 최초의 계엄은
미군정 하에서였다

    1945년 해방후 발효된 최초의 계엄은 미군정 하에서였다. 미군정은 한반도에 진주한 미군이 입법, 사법, 행정의 모든 권한을 쥐고 있었기에 사실상 일상적인 계엄이나 다름없었다. 계엄이 굳이 필요없을 시기에 이중 계엄의 성격을 띠는 계엄령이 발령된 것은 무엇 때문이었을까?

    최초의 계엄이 시행된 곳은 대구였다. 당시 대구는 '조선의 모스크바'라고 불릴 정도로 좌익 세력이 강했다. 콜레라가 창궐한데다 극심한 식량난으로 고통받던 시민들이 들고일어났다. 경찰이 시위대에 총격을 가하면서 시위는 무장투쟁으로 발전하였다. 경찰의 힘으로 사태를 수습할 수 없게 되자 미군이 개입하였다. 장갑차를 동원한 미군은 시위 군중을 해산시키며 1946년 10월 2일 계엄령을 발포하였다.

    대구 시민의 투쟁을 억누르기 위해 계엄령이 발동되었지만 시위는 대구 인근지역으로 빠르게 퍼져나갔다. 남한 전역으로 확산한 시위는 12월 중순에 가서야 잠잠해졌다.

미군정의 미곡 정책 실패와 쌀 투쟁

연합국에 맞서 싸우던 일본이 항복하자 38선 북쪽의 한반도에는 소련군이, 남쪽에는 미군이 진주하였다. 미군은 1945년 9월 8일 인천항에 모습을 나타냈다. 미군이 상륙한다는 소문이 퍼지자 환영 인파가 몰려들었다. 이때 돌연 총성이 울리며 사람들이 쓰러졌다. 일본 특별경찰대가 군중을 향해 발포한 것이다. 두 사람이 숨지고 십여 명이 부상을 입었다. 9월 9일자 《뉴욕타임스》는 '환영 군중에 발포한 것은 미군사령부의 지시 때문'이라고 전했다. 해방이 되었지만 여전히 치안을 맡고 있던 것은 일본 경찰이었다.

이에 앞서 9월 2일 미군은 미 제24군단 사령관 하지 중장 명의의 전단을 살포했다. 〈남한 민중 각위에 고함〉이란 제목의 포고령에는 '일본인과 미 상륙군에 대한 반란행위'와 '경솔하고 무분별한 행동'으로 목숨을 잃거나 국토가 황폐화될 수 있다는 경고가 담겨 있다. 미군 스스로 '점령군'임을 밝힌 것이다.

9월 12일 하지 중장이 아놀드 소장을 군정장관에 임명함으로써 본격적인 미군정체제가 가동되었다. 미군정은 대한민국임시정부나 한국인들이 자발적으로 조직한 치안대 등의 자치기구를 인정하지 않고 일본의 식민지 통치기구를 그대로 온존시켰다. 그 핵심은 한국인 행정관리와 경찰이었다.

일본이 패망한 후 서울에 진주한 미군.

일제가 패망하던 시기에 일본 제국주의를 위해 일하던 한국인 경찰과 헌병은 1만 명 남짓 되었다. 이들의 상당수가 미군정 경찰로 변신하였다. 특히 경사 이상 간부의 80%는 일제 출신이었다. 미국 정치학자 브루스 커밍스는 '좌익에 대항할 만한 다른 세력이 없었기 때문'에 미군정이 일제 경찰 출신을 중용했다고 분석했다. 권력에 길든 일제 경찰 출신들은 소련과의 체제경쟁이 불가피한 당시 현실에서 하수인으로 이용하기에 안성맞춤이었다.

일제 경찰과 헌병 출신들에게 해방은 커다란 위기였다. 하지만 그들은 기회주의적 줄타기와 기민한 변신으로 위기를 돌파하였다. 이들의 뒷배가 되어준 것은 미군정과 당시 큰 세력을 형성하고 있던 우익 계열의 한민당이었다. 북한에서 쫓겨난 일제 경찰 출신들도 속속 미군정 경찰에 합류하였다. 공산당의 박해를 받은 일제 경찰 출신들이 남쪽으로 피신해 내려온 까닭이다.

미군정 기간은 물론이고 국군이 체계를 잡기까지 한동안 경찰은 가장 강력한 물리력을 행사하는 집단이었다. 이들은 사상통제와 정보수집 등을 독점하면서 온갖 음모와 술수로 친일파 청산이라는 역사적 과제를 막아서는가 하면 독립운동가를 비롯한 양심 세력의 정치집단화를 방해하였다. 권력에 빌붙어 민중을 탄압하는 친일 경찰의 행태는 많은 국민의 반감을 자아냈다.

미군정은 폭압적이고 비민주적이었을 뿐 아니라 정무와 행정에 미숙했다. 일제치하에서 해방된 우리 국민은 큰 기대에 부풀었다. 하지만 일제강점기 때보다도 경제 사정이 더 나빴다. 해외동포들이 귀국하고 월남민이 늘어나면서 실업률은 급증하고, 조선총독부가 불법으로 찍어낸 화폐의 효력을 미군정이 인정하는 바람에 화폐 가치가 폭락하였다. 물가는 하늘 높은 줄 모르고 치솟았다.

미군정이 실패한 가장 대표적인 정책은 미곡 정책이었다. 1945년 10월 미군정은 '미곡의 자유시장에 관한 일반고시 제1호'를 발표하였다. 그동안 조선총독부가 시행해 온 미곡의 공출 배급제를 폐지하고 미곡의 자유 판매를 부활한 것이다. 결과는 기대와 너무 달랐다.

우선 인구가 급증한데 따라 쌀의 수요가 크게 늘었다. 여기에 투기꾼들의 사재기가 겹쳤다. 일본으로 쌀을 밀수출하는 자들까지 등장하였다. 일본으로 쌀이 반출되는 데는 연합국 총사령부의 정책이 한몫했다. 일본을 공산주의를 막는 전초기지로 삼기 위해 한반도에서 생산된 쌀을 일본으로 유출한 것이다. 이에 따라 풍년이 들었는데도 쌀값은 안정되지 않고 많은 국민이 굶주리게 되었다. 미군정은 쌀값 상한선을 정하는 등 소매가격 통제에 들어갔다. 하지만 암시장을 통한 거래가 늘면서 쌀값은 내릴 기미를 보이지 않았다.

결국 미군정은 다음해인 1946년 1월 자유수급제를 포기하고 공출제로 전환하는 미곡수집령을 공포하였다. 다시 미곡의 강제 공출이 시작되었다. 문제는 공출 가격이 시장 가격의 3분의 1에도 미치지 못한 점이었다. 생산비에 미달하는 가격으로 농민들은 쌀을 강탈당했다.

농민들이 공출에 반발하자 강압적인 방식이 동원되었다. 경찰을 앞세워 미곡 수색에 들어간 것이다. 응하지 않는 사람은 연행되었다. 미군정은 심지어 춘궁기에 보리까지 공출하였다. 우리 국민은 일제강점기 동안 미곡 공출 때문에 큰 고통을 겪었다. 또다시 공출제도가 부활하니 억장이 무너질 수밖에 없었다. 더욱이 쌀을 강탈하는 데 앞장선 것은 친일경찰이었다. 청산 대상인 친일경찰에 대한 민중의 반감은 점점 그 수위가 높아졌다.

도시민도 미곡 정책에 반발하기는 마찬가지였다. 배급이 충분하게 이루어지지 않았기 때문이다. 날이 다르게 민심이 흉흉해졌다. 급기야 1946년 7월 무렵부터 대구, 부산 등지에서 '쌀 투쟁'이 벌어졌다. 굶어 죽는 사람이 속출하자 부산에서는 7월 6일 수만 명의 시민이 부청으로 몰려가 쌀을 달라고 외쳤다. 시위대는 식량배급소에도 들이닥쳤다. 미군정은 경찰과 미군 헌병은 물론 장갑차까지 동원해 시위대를 진압하였다. 계엄령을 방불케 하는 상황 속에서 많은 시민이 부상당했다.

대구와 경북 지역은 다른 지역보다 민심이 더 나빴다. 해방 이후 유입된 귀환동포만 30만 명에 이르렀다. 1946년 5월 무렵에는 전국에 걸쳐 콜레라가 창궐하였다. 당시 대구는 콜레라 발병률 전국 1위를 기록했으며 경상북도까지 포함하면 사망자가 수천 명에 달했다. 콜레라가 퍼지지 않도록 방역 조치를 취한다며 미군정은 대구와 경북 지역으로 통하는 교통을 전면 통제했다. 식량 공급이 끊기자 대부분의 대구 시민들은 끼니를 이어갈 수 없게 되었다. 심각한 기아 상태에 빠진 시민들은 '배고파 못살겠다'며 대구부청과 경북도청으로 몰려가 목숨을 구해달라고 울부짖었다. 7월 2일자 《영남일보》는 '쌀은 주지 않으면서 배가 고파 늘어져 있으면 콜레라에 걸렸다고 잡아간다'며 생사의 기로에서 헤매던 당시 시민들의 참상을 적고 있다.

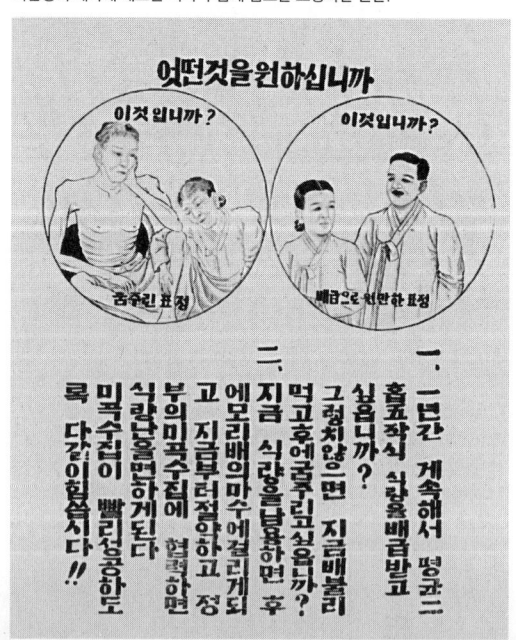

미군정이 제작해 배포한 미곡 수집에 협조를 요청하는 전단.

1946년 7월, 미군정에 항의하며 시민들이 부산 식량배급소에 난입하고 있다.

9월총파업에서 10월항쟁으로

한편 9월에 들면서 '9월총파업'이라고 불리는 노동자들의 투쟁이 전국에 걸쳐 일어났다. 물가는 천정부지로 오르는데 임금 인상은 그에 미치지 못하니 불만이 팽배할 수밖에 없었다. 게다가 연명할 쌀조차 구하기 어려웠다. 햅쌀이 나오는 시기가 되었는데도 상황은 나아지지 않았다. 분노한 노동자들은 물가 인상에 상응하는 임금 인상과 노동조건 개선 같은 요구뿐 아니라 가족 구성원이 먹을 수 있는 적절한 양의 쌀 배급을 촉구했다. 여기에 더해 실업자와 귀환동포를 위한 주거 및 식량의 제공, 정치범 석방, 반동 테러의 중지 같은 정치사회적 요구도 제기되었다.

9월총파업을 이끈 조직은 조선노동조합전국평의회(전평)였다. 우리나라 최초의 전국적 노동조합 연합조직인 전평은 조선공산당과 긴밀한 연계를 맺고 있었다. 미군정 초기의 조선공산당은 합법정당으로서 미군정에 협조하는 전략을 취했다. 조선공산당 등 좌익이 주도하던 '조선인민공화국'은 당시 대중들의 압도적 지지를 받기까지 했다. 하지만 1946년 5월의 조선정판사 위조지폐 사건 이후 상황이 일변해 조선공산당은 사실상 불법화된다. 좌익에 대한 탄압이 거세게 몰아치자 좌익은 위협에 직면하게 되었다. 강경노선으로 선회한 조선공산당은 미군정에 대한 대중투쟁을 선언하였다. 9월총파업은 이러한 배경 속에서 시작되었다.

9월 14일 먼저 서울철도국 노동자들이 식량 배급과 노동조건의 개선을 내걸며 투쟁의 불길을 댕겼다. 당국의 미온적인 태도 속에 이윽고 9월 23일 부산 지역의 7천여 철도 노동자들이 파업에 돌입하였다. 순식간에 전국으로 확산한 총파업에 4만여 철도 노동자가 함께하였다. 9월 25일에는 출판노조가 경제적 요구 외에 민주인사 지명체포령 철회를 요구하며 파업에 돌입했다. 며칠 사이에 총파업은 전기, 전신, 체신, 금속, 화학 등 전 산업 분야로 번져갔다. 노동자들의 파업에는 학생들도 대거 참여하였다. 거리에 나선 학생들은 학원의 자유와 식민지 노예교육 철폐 등을 요구하였다. 뿐만 아니라 국방경비대와 해상경비대에 속한 군인들도 파업에 동참하는 진풍경이 벌어졌다.

미군정은 총파업의 거점인 서울 철도파업단에 무장 경찰 2천 명을 투입했다. 현 한국노총의 전신인 대한노총과 김두한 등이 이끄는 대한민주청년동맹 같은 우파 청년단 1천여 명도 파업을 진압하는 데 가세했다. 시가전까지 벌인 치열한 투쟁 끝에 몇 명의 철도국 간부가 사망하고 수백 명의 노동자가 부상을 당했다. 2천 명 가까운 철도 노동자가 연행되면서 서울 지역의 총파업은 막을 내렸다. 사업장에 조기 복귀할 의사를 갖고 있던 부산, 인천 등지의 지역 노동자들도 파업을 거두어들였다.

대구 지역 노동자들도 전평이 앞장선 9월총파업에 발을 맞췄다. 9월 23일 대구 철도노조원 천여 명이 먼저 파업에 돌입했다. 9월 25일에는 대구우편국을 시작으로 경상북도 내의 우편국 파업이 이어졌다. 9월 27일 남조선총파업 대구시투쟁위원회가 조직되면서 대구시의 파업은 섬유, 중공업, 화학, 출판 부문으로 확대되었다. 대구시투쟁위원회 위원장을 맡아 총파업을 이끈 사람은 일제강점기 대구 지역 항일운동의 주역 가운데 하나였던 윤장혁이다.

파업 노동자들의 투쟁이 한층 고양되자 경상북도 치안 책임자 권영석 경찰청장은 대구시투쟁위원회 간부들에게 파업에 간섭하지 않겠다며 합법적인 쟁의를 부탁했다. 미군정 소속의 헤론 경북지사가 윤장혁을 만나 파업 중지 협상을 벌이기도 했다. 윤장혁은 무엇보다 식량 문제의 근본적인 해결이 선결되어야 한다고 주장했다.

대구 지역의 총파업은 다른 어느 곳보다 조직적이고 체계적으로 진행되었다. 또한 노동자와 시민의 지지를 불러 모았다. 심지어 《영남일보》《대구시보》 같은 언론마저 제작을 거부하며 파업에 힘을 보탰다. 그런 까닭에 가장 강력한 힘을 지닌 서울에서의 총파업이 깃발을 내린 다음에도 10월항쟁으로 이어질 수 있었다.

10월 1일의 9월총파업 집회 모습.

1946년 10월 1일

10월 1일 아침이 되었다. 대구역 인근의 대구시투쟁위원회 사무실 주위에는 파업 노동자들이 모여 있었다. 이들은 이틀째 간판 철거를 요구하는 미군정 경찰과 대치중이었다. 경찰은 투쟁위원회 간판이 허가받지 않은 것이라며 떼어버리려 했다. 연좌시위 중인 시위대는 연신 구호를 외치고 투쟁가를 불렀다. 한편 대구부청 앞에서는 부녀자와 어린이를 포함한 천여 명의 시민이 '쌀을 달라'며 시위를 벌였다. 오후가 되자 이들은 경북도청으로 장소를 옮겨 시위를 계속했다.

파업 노동자와 경찰의 대치는 오후까지 계속되었다. 그 사이에 노동자와 시위 군중의 숫자는 수천 명으로 불어났다. 경찰청장이 무장경찰을 대동하고 나타나 해산명령을 내렸으나 군중은 미동도 하지 않았다. 시위대는 '미군정은 물러가라' '쌀이 아니면 죽음을 달라'고 외쳤다.

담판을 계속하던 투쟁위원회와 경찰청은 저녁 무렵 가까스로 합의에 이르렀다. 경찰이 대구역 광장에 친 바리케이드를 풀고 철수하는 대신 간판을 내리기로 한 것이다. 사태는 소강국면으로 접어드는 듯했다. 하지만 예기치 않은 돌발 상황이 발생할 줄 누가 알았으랴! 10월항쟁으로 전환되는 그 역사적인 장면을 10월 15일자《동아일보》는 이렇게 적고 있다.

"기억도 뚜렷한 10월 초하룻날 밤! 대구역전 공회당호텔 부근을 싸고 있는 수백 명 무장경관대의 무시무시한 경계를 뚫고 중앙통과 행정거리를 수천 명의 남녀 공장 노동자가 태극기를 선두로 적기가를 부르며 금정 전평 본부를 향해 시위 행렬을 시작하였다.

이때 돌연 역전 무장경관대 측으로부터 발포된 한 방의 총소리에 행렬은 발을 멈추고 '죽여라, 쏘아라' 하는 아우성이 들리고 부근을 왕래하던 시민들은 동서남북으로 흩어져 사태의 긴박함을 걱정하였다. 경관대의 발포는 허가 없는 시위 행렬을 중지시키려는 것이었으나 벌써 거기에는 감정이 솟아올라 생사를 잊은 항거적 투쟁이 벌어진 것이다."

총파업이 끝날 수도 있는 순간, 예기치 못한 총성에 시위 군중이 사망하면서 상황은 누구도 예상하지 못한 방향으로 흐르기 시작했다. 총소리에 놀란 시위군중은 사방으로 흩어졌다. 경찰은 대구역과 대구경찰서 일대를 밤새 엄중 경계했다. 10월 2일 아침에도 경계를 늦추지 않았다. 경찰이 시민을 사살했다는 소식은 밤새 대구 전역으로 퍼졌다.

날이 밝자 시민들이 대구역 광장으로 모이기 시작했다. 이내 모인 군중은 수천 명을 헤아렸다. 이때 대구의전을 비롯한 학생 시위대가 시신 한 구를 들것에 들고 나타났다. 학생들은 전날 경찰의 총격에 숨진 사람의 시신이라고 외치며 대구경찰서를 향해 나아갔다.

이날 아침 대구의전 학생 최무학은 학생들을 불러 모은 뒤 흰색 천에 덮인 시신을 가리키며 말했다. '경찰의 총에 맞아 죽은 노동자의 시신이다. 이런 만행을 보고 앉아서 공부만 할 수 있겠는가!' 흥분한 학생들은 의사 가운에 마스크를 쓴 4명의 학생이 운구하는 시신을 앞세우고 교문을 나섰다. 시신이 경찰에 살해된 시민의 것이라는 분명한 증거는 없었지만, 다른 대학 학생과 시민까지 가세해 시위대가 대구경찰서에 이르렀을 때는 만여 명의 규모에 이르렀다.

경찰 저지선을 뚫고 시위대는 대구경찰서 경내에 진입하였다. 시위대는 살인 경찰의 처벌을 요구하였다. 경찰이 위력을 보이며 해산을 요구했지만 시위대는 전혀 동요하지 않았다. 오히려 경찰모를 벗어 던진 채 시위대에 가담하는 경찰이 나오는 상황이었다.

미군정 경찰부장은 대구경찰서장에게 무력으로 시위대를 해산하라고 명했다. 하지만 이성옥 대구서장은 그 명령을 수행하지 않았다. 대신 그는 총기를 무기고에 넣은 뒤 경찰병력을 근처의 초등학교로 물렸다. 경찰서 건물 안으로 들어간 시위대는 남아 있는 경찰을 무장해제시키고 유치장에 수감되어 있던 사람 백여 명을 풀어주었다. 경찰서를 점거한 학생 대표단은 미군정에 구금자 석방과 경찰의 발포 및 폭력진압의 중지를 요구했다. 미군정 측이 이 같은 요구를 받아들이자 학생들은 자신들의 학교로 돌아갔다.

시민들은 투쟁위원회 사무실 근처에서 집회를 이어갔다. 오후까지 계속되던 집회 현장에 미군정에서 파견한 경찰대가 들이닥쳤다. 경찰이 쏜 총에 단상에 올라 연설하던 여성 노동자와 다른 한 명이 쓰러졌다. 두 사람이 피를 흘리며 쓰러지자 그곳에 모여 있던 시민들은 크게 흥분하였다. 시위대는 돌을 던지며 맞섰다. 경찰은 시위대를 향해 다시 총을 발사하였다. 이십여 명의 시위군중이 숨지고 많은 사람이 부상을 입었다.

성난 군중은 대구 시내 도처에서 봉기하였다. 시위대는 지서와 파출소를 점거하는가 하면 트럭에 나누어 타고 적기가나 애국가를 부르며 시내 곳곳을 누볐다. 시위대의 일부는 경찰을 구타하고 살해했다. 또한 경찰이나 일제강점기의 악질 관리, 친일 지주, 쌀 사재기에 앞장선 부호의 집을 공격했다. 몰수한 식량과 재산은 가난한 시민들에게 나누어주었다.

경찰만으로 사태를 수습할 수 없다고 판단한 미군정 당국은 전술부대인 미 보병 6사단 병력을 투입하기로 결정하였다. 곧 M-7 마운트 장갑차 4대와 기관총 부대가 들이닥쳤다. 장갑차를 앞세운 미군은 시위군중을 강제 해산시켰다.

미군정, 계엄령을 선포하다

대구 시민 거의 모두가 참여한 민중항쟁에 미군정 당국은 깜짝 놀랐다. 사태가 곧 진정될지 낙관할 수 없었던 그들은 급기야 계엄이라는 카드를 꺼내 들었다. 10월 2일 저녁 7시를 기해 대구 전역에 계엄령을 선포한 것이다. 계엄과 동시에 포고령 제1호가 발령되었다. 그 내용은 다음과 같았다.

> - 대구에 계엄령을 실시한다. 경찰이 법과 질서를 유지할 것이며, 최후 수단으로 군대가 사용될 것이다. 시민은 경찰에 절대복종하여야 한다.
> - 10명 이상의 집회와 회의를 금지한다.
> - 오후 7시부터 다음날 아침 6시까지 야간통행을 금지한다.
> - 승객을 운반하는 차량과 식량 배급에 사용되지 않는 차량의 대구 시내 통행을 금지한다. 이를 위반하는 차량은 몰수한다.

경상북도 비군정 당국은 포고령 제1호의 목적이 치안유지에 있으며, 계엄령이 실시되면 군 책임자가 누구든 체포할 권한을 갖는다고 밝혔다. 평소보다 죄인을 더 무겁게 처벌할 뿐 아니라 언론출판, 집회, 통행의 자유가 제한되었음은 물론이다.

10월 3일에는 무기 반환과 경찰 가족의 석방 등을 요구하는 포고령 제2호, 이동 금지를 담은 내용의 포고령 제3호를 연이어 발포하였다. 10월 4일에는 무기 반환을 명령하는 포고령 제4호가 발포되었다. 포고령 제5호는 철도 송업원의 즉시 직장 복귀를 명령하는 내용이었다. 10월 6일 포고령 제6호가 발포됨으로써 경상북도 달성군, 경주군, 영일군도 계엄 대상지역에 포함되었다. 같은 날 대구를 포함한 경상북도 전역에 야간 통행금지가 발령되었다. 경상북도 일원에 포고령이 발령된 것은 대구에서 시작된 민중항쟁이 인근지역으로 확대되었기 때문이다.

대구와 경북 일원에 내린 계엄령은 10월 21일이 되어서야 해제되었다. 대구 10월항쟁에 대응하기 위해 경상북도 미군정 당국이 시행한 계엄령은 8·15 이후의 우리 현대사에서 최초로 발령된 시민 기본권을 제한하는 긴급조치였다.

전 시민이 참여한 민중항쟁

 대구에서 전개된 9월총파업은 10월 1일을 기점으로 민중항쟁의 성격으로 확장되었다. 특히 지식인들의 참여가 눈에 띈다. 의사와 간호사들은 경찰의 치료를 거부했다. 투쟁이 격화하면서 부상당한 시민과 경찰이 병원으로 들이닥쳤다. 의료인들은 '경찰이 발포를 즉각 중지하지 않는 한 치료와 진찰을 거부한다'고 선언했다. 이들은 파업기금을 내놓는 등 투쟁을 지원했다. 부상당한 경찰의 치료를 거부한 의료인들은 나중에 혹독한 보복을 당해야 했다. 관공서에서 일하는 공무원과 회사원, 대학교수 같은 안정적인 신분에 있는 사람들도 시위에 호응했다. 시위를 막던 경찰까지 시위에 가세하는 일이 벌어졌다.

 학생들의 시위 참여는 불에 기름을 붓는 격이었다. 대구의전 학생들의 10월 2일 시위는 국면을 전환시키는 불쏘시개가 되었다. 이날의 시위에는 대구사범대와 대구농대 학생들도 가세했다. 동맹휴학 등을 통해 싸운 경험이 있는 학생들은 조직력이 남달랐다. 학생들은 시민에 대한 경찰의 발포 금지와 민주인사 석방 등을 요구하며 투쟁에 앞장섰다.

 이처럼 대구항쟁은 노동자, 농민, 일반시민뿐 아니라 전 시민이

10월 2일 대구 태평로에서 시위대를 진압중인 무장 경찰. 쫓기는 사람들 사이로 쓰러진 사람의 모습이 보인다.

참여하는 민중봉기였다. 무엇보다 식량 정책을 비롯한 미군정의 통치에 대한 불만이 컸다. 시위대는 미군정의 실책을 소리 높여 성토했다. 미군정의 지휘를 받는 행정관리들조차 미군정을 앞장서 비판했다. 친일파들이 여전히 활개를 친데다 미군정이 그들을 비호한 점도 큰 반감을 불렀다.

미군정에 대한 불만의 화살이 가장 직접적으로 향한 곳은 경찰이었다. 경찰은 일제강점기부터 민중을 탄압하던 일제의 앞잡이였다. 조국이 해방되었음에도 친일 경찰은 다시 미군정의 앞잡이가 되어 민중을 괴롭히고 있었다. 경찰은 미곡을 공출하는 일에서도 온갖 악행을 저질러 민중의 원성을 샀다. 반감이 컸던 만큼 경찰을 향한 시위대의 폭력은 잔혹했다.

친일 경찰을 보는 시각차가 얼마나 다른지 알려주는 일화가 있다. 9월총파업이 막바지로 치닫던 9월 30일 대구역 앞에서 파업중이던 노동자들에게 황옥이라는 이름의 경찰 간부가 자신이 일제 경찰 출신인 것은 맞지만 자기한테 핍박받은 사람은 없을 것이라며 파업 중지를 설득하자, 파업 노동자들은 '3천만 동포가 다 핍박당했다. 우리를 못살게 하던 놈이 무슨 설교냐'며 응수했다고 한다.

계엄령이 선포되면서 대구 시내의 질서는 빠르게 회복되었다. 달아났던 경찰들도 근무지로 속속 복귀하였다. 치안이 회복되자 경찰의 보복이 시작되었다. 시위에 앞장섰던 사람들이 무더기로 잡혀 들어왔다. 이들에게는 무차별 테러가 가해지고 갖은 고문이 자행되었다. 수색 연행하는 과정에서 즉결처형이 이루어지기도 했다. 독촉청년연맹, 서북청년회, 백의사 같은 우익 청년단체까지 보복에 가세했다. 극우단체들은 시위 주동자를 체포한다는 명분으로 잔혹한 테러를 가하는가 하면 함부로 재산을 탈취하였다.

전국으로 번진 10월항쟁의 불길

10월 3일 충청남도와 충청북도 경찰국 소속 경찰대가 대구에 급파되었다. 미군이 투입되고 다른 지역 경찰 응원대까지 동원되었음에도 대구항쟁은 10월 4일 무렵까지 계속되었다. 이후 대구 시내의 치안 상태는 어느 정도 회복되었다.

하지만 한번 폭발한 투쟁의 불길은 대구 인근지역으로 빠르게 확산되었다. 대구와 인접한 지방에서는 10월 2일부터 이미 시위가 시작되었다. 달성과 칠곡이 대표적이다. 6일쯤에는 경상북도의 거의 모든 지역에서 봉기가 일어났다. 북부 오지에 속하는 영양, 청송, 안동, 외따로 떨어진 울릉도만이 예외에 속한다. 농촌지역에서 광범위하게 투쟁이 발생한 것은 농지개혁의 지연에 따른 불만이 컸다.

자연스레 친일 지주에 대한 반감이 클 수밖에 없었다.

대구 밖에서 가장 먼저 봉기가 일어난 곳은 달성이었다. 10월 2일 달성군 유가면과 구지면에서 경찰을 공격해 무기를 탈취한 것이다. 다음날 화원면, 월배면 등지에서 소요가 발생하고, 10월 4일에는 2천여 명에 이르는 군중이 현풍지서를 장악하였다. 10월 6일 군중이 점령한 월배지서 벽에는 '조선민족은 군정은 물러나야 한다고 요구한다'는 벽보가 나붙었다. 같은 날 옥포와 논공지소도 공격을 받았다. 경찰은 사망 6명, 중상 17명의 피해를 입었다.

칠곡에서는 10월 2일 밤부터 시위군중이 집결하기 시작했다. 천 명으로 불어난 군중은 다음날 새벽 왜관경찰서를 점령했다. 또 약목, 북삼, 석적 등지의 지서를 습격하고, 가옥 50여 채를 파괴했다. 이 과정에서 왜관경찰서장을 비롯한 경찰이 사망하고 시위군중 7명도 사망했다.

경북에서 가장 많은 희생자가 발생한 곳은 영천군이었다. 3일 아침 2천여 명의 군중이 경찰서를 습격했는데 이때 서장을 비롯한 경찰 16명이 목숨을 잃고, 46명이 실종되었다. 시위대에서도 15명의 사망자가 나왔다. 시위대가 영천 일대를 지배하던 이틀 동안 경찰서, 법원, 신한공사를 비롯한 백여 채의 건물이 소실되고, 영천군수 능 공무원 19명이 사망하였다.

선산군의 봉기는 조직적인 모습이 눈에 띈다. 10월 3일 오전 2천여 명의 군중은 선산경찰서를 습격하였다. 봉기를 이끈 사람은 민주주의민족전선 선산지부 사무국장 박상희였다. 박상희는 나중에 대통령이 되는 박정희의 형으로 일제강점기부터 항일운동에 종사하였다. 박상희는 황태성, 임종업과 함께 당시 경상북도를 대표하는 좌익인사로 꼽힌다. 무기를 탈취한 군중은 선산군청도 점령했으며 '권력을 인민위원회로 이양하라'고 요구했다. 박상희는 10월 6일 경찰의 공격을 받고 도주하다 사살됐다.

위에서 언급한 지역을 제외하면 성주, 의성, 군위, 경주 등지의 봉기가 격렬한 편에 속한다. 이들 지역에서는 시위군중이 한때 경찰관서를 점령하였다. 10월 6일을 지나면서 대부분의 시위는 잦아들었다.

하지만 대구 10월항쟁의 여파는 어느새 전국으로 번지고 있었다. 10월 7일 경상남도 마산과 창원에서 대규모 시위가 발생했다. 시위대를 향한 발포로 여러 사람이 희생되었다. 통영, 진주, 웅천 등지에서도 봉기가 일어났다. 10월 9일의 부산 시위는 희생자가 크게 발생한 사건으로 꼽힌다. 시위군중과 경찰을 합쳐 24명이 목숨을 잃었는데 미군 전술부대가 투입되고 나서야 시위가 진정되었다.

충청도에서는 10월 초순이 되면서 대구항쟁의 불길이 옮겨붙었다. 경기도, 황해도, 강원도, 전라도에서도 봉기가 이어졌다. 12월

달성군 가창면 민간인 희생자의 공동분묘 앞에서 오열하고 있는 유가족들(1960년).

중순까지 제주도를 포함한 남한 전역에서 민란을 방불케 하는 항쟁이 일어났다. 미군정은 강경진압으로 민중항쟁의 불길을 끄려 했다. 그 과정에서 시위와 관련없는 무고한 시민도 다수 희생되었다.

6·25전쟁 후까지 계속된 10월항쟁의 비극

자료에 따르면 대구와 경상북도를 합한 310만 인구 가운데 70만 명가량이 시위에 참여했다고 한다. 10월항쟁 과정에서 사망한 민간인이 천여 명, 경찰은 2백 명에 달한다는 기록도 있다. 미군 측의 정보보고서(G-2 Summay of Kyongsang)에 의하면 민간인 88명, 경찰(국방경비대 포함) 82명이 사망했다. 정부에서 사건 언급을 금기시했기 때문에 정확한 피해 규모는 알기 어렵다. 시긴 관련자들이 보복이 두려워 신고를 기피한 것도 한 가지 이유다.

치안이 회복되고 나서 대대적인 검거 선풍이 불었다. 대구를 포함한 경상북도에서만 7천여 명이 체포되었다. 이 가운데 3백 명이 넘는 사람이 특별군사재판에 회부되었다. 일반군사재판의 최고형이 5년 이하였던 반면 특별군사재판에서는 사형까지 선고할 수 있었다. 30명이 사형선고를 받았는데 다음해 대부분 무기형으로 감형되었다.

하지만 적법 절차에 따라 처벌받은 사람보다도 사적 보복을 당한 사람이 훨씬 많았다. 시위를 진압하고 주동자를 검거하는 과정에서 불법적인 즉결처형이 이루어지기도 했다. 시위대의 공격으로 경찰이 입은 피해가 컸던 만큼 그에 대한 보복감정이 작용한 탓이다. 10월항쟁 발발후 대구를 찾은 장택상 수도경찰청장은 폭동에 가담한 폭도들을 모조리 체포하고 주모자는 즉결처분하라고 지시했다. 경찰 수뇌부의 이 같은 강경방침이 민간인 피해를 더욱 부채질했다.

안타깝게도 10월항쟁의 비극은 이런 큰 희생을 치르면서도 종착점에 다다르지 못했다. 10월항쟁에 가담했던 사람들의 상당수는 그후 국민보도연맹에 강제 가입하게 된다. 보도연맹은 '좌익사상에 물든 사람을 전향시켜 보호하고 인도한다'는 취지로 결성되었는데, 연맹원들은 본의 아니게 요시찰 대상이 되어야 했다. 6·25전쟁이 일어나자 정부는 이들을 무차별적으로 잡아들였다. 정부를 믿고 보도연맹에 가입했던 사람들은 이내 집단학살의 참화를 당하게 된다. 10월항쟁 재판에서 실형을 선고받거나 좌익 사건에 연루되어 형무소에 수감중이던 사람들도 참극을 피하지 못했다. 이들이 집단학살된 대표적인 곳은 달성 가창골과 경산 코발트광산이다. 칠곡 신동고개와 팔공산 동화사 입구 등지에서도 학살이 일어났다. 경찰청 담벼락에서 처형된 경우도 있었다. 이때 대구에서 죽은 사람만 3천 명이 넘는다고 한다.

10월항쟁은 우리 현대사의 아픔을 간직한 사건이다. 해방후 나라를 세우는 과정에서 발생한 참극이지만, 그 밑바탕에는 좌우대립뿐 아니라 미군정의 폭정에 대한 민중의 불신과 반감이 도사리고 있었다. 군대를 동원한 계엄으로 민중항쟁을 억압하려 했기에 결국 수천의 아까운 생명이 목숨을 잃는 비극으로 치닫고 말았다.

신생 대한민국에 닥친 시련: 여순사건과 계엄

통일정부를 세우려던 우리 민족의 염원은 한반도의 남북에 각기 교두보를 구축하고 있던 미국과 소련의 이해가 일치하지 않아 물거품이 되고 말았다. 한국 문제를 유엔으로 끌고 간 미국의 주도하에 유엔은 선거가 가능한 남한에서만이라도 총선거를 시행하기로 의결하였다. 1948년 5월 10일 총선이 실시되어 국회가 구성되고, 이어 8월 15일에는 대한민국정부가 수립되었다.

한편 미군정에 의해 불법화된 남로당과 좌익세력은 남한만의 단독 총선거 일정이 확정되자 대규모 파업을 벌이는 등 반대투쟁을 전개했다. 백범 김구는 '삼천만 동포에게 읍소한다'는 성명을 발표하며 남한 단독정부 수립을 반대하였다. 김구와 김규식 등은 통일정부 수립에 대한 희망을 품고 평양에서 열린 '남북대표자 연석회의'에 다녀오기도 했다. 하지만 끝내 대한민국정부 수립에 이어 북한 땅에도 한 달여 뒤인 9월 9일 조선민주주의인민공화국이 수립되었다. 한반도는 이렇게 분단되었다.

한편 점점 죄어오는 경찰의 탄압으로 궁지에 몰린 제주도 좌익세력은 5·10 총선거를 맞아 결사항전의 봉기를 계획하였다. 그것은 4·3 무장봉기로 표출되었으며 정부 수립 이후까지 투쟁이 계속되었다. 이에 정부는 여수 주둔 14연대에 제주도 출동명령을 내렸다. 14연대 안에는 남로당 세포가 침투해 있었다. 이들은 '동족상잔의 제주도 출동을 반대한다'며 병사들을 선동했다. 순식간에 대부분의 병사가 봉기에 가담하였다. 시내로 진입한 군인들은 경찰서를 습격해 여수를 해방구로 삼은 뒤 이내 순천과 그 인근지역까지 진출하였다. 이들이 짧은 시간에 넓은 지역을 장악할 수 있었던 것은 좌익세력과 대중이 호응하였기 때문이다.

정부는 14연대의 봉기를 진압하기 위해 10월 22일 이들이 점거한 지역에 계엄령을 선포하였다. 대한민국 헌정사상 최초의 계엄이었다. 계엄사령부는 토벌사령부의 임무를 병행하였다. 진압군이 파견되면서 전 지역을 수복하는 데 채 십여 일이 걸리지 않았으나, 정찰기와 장갑차까지 동원하는 등 출범 2개월의 신생 정부는 큰 곤욕을 치러야 했다. 한편 지리산으로 들어간 봉기군의 일부가 빨치산이 되는 바람에 그 여진은 1955년 무렵까지 이어졌다.

여수 주둔 14연대의 봉기

여순사건의 시작은 군인들의 봉기였다. 미군정의 국방경비대 창설계획에 따라 각 도에 1개 연대씩의 군대가 만들어졌다. 초기에는 경찰 보조조직의 성격이 강해서 제복조차 지급되지 않을 만큼 대우가 형편없었다. 그러나 미국과 소련의 대립이 심화하면서 1948년 5월에는 4만 명을 넘어서는 조직으로 성장하였다. 초기에 임관한 군 간부의 주류는 일본군이나 만주군 출신이었으나, 차츰 사회운동 경험자나 민족주의자, 사회주의자 등이 사관학교에 입교하였다. 친일 경찰 위주로 구성된 경찰과 크게 다른 점이었다. 조선경비대는 정부 수립 이후 육군으로 개칭되었다.

여순사건의 도화선이 되는 14연대는 광주에 주둔하던 4연대의 1개 대대를 바탕으로 1948년 5월 여수에서 창설되었다. 4연대에서 차출한 부대원 안에는 여순사건의 주동자 김지회, 홍순석 같은 장교와 지창수를 비롯한 하사관들이 포진하고 있었다. 이들은 남로당의 군부내 세포 조직이었다.

경찰은 국방경비대를 오합지졸에 지나지 않는 자신들의 하부조직으로 보고 무시했다. 반면 국방경비대는 경찰을 일제의 주구 노릇을 하던 자들이 미군정의 하수인으로 변신해 거들먹거린다며 분을 삭였다. 자연히 군과 경찰 사이에 충돌이 빚어지고 툭하면 국방경비대원들이 경찰서 유치장으로 끌려가는 일이 벌어지곤 했다. 이 지역에서도 4연대 병사들이 구금 병사를 구출하기 위해 순천경찰서를 습격했는가 하면, 영암에서는 경찰과 경비대가 충돌해 병사들이 사망했다. 이처럼 병사들이 가지고 있던 경찰에 대한 적대감이 봉기의 한 원인이 되었다.

제주도 사태가 1948년 10월 초순 다시 혼돈 속으로 빠져들자 정부는 증원군 파견을 결정하였다. 14연대에도 파병부대 1개 대대를 편성하라는 명령이 하달되었다. 파병일은 10월 19일 아침으로 결정되었다. 14연대 남로당 조직 책임자는 지창수였다. 지창수가 주도하는 세포회의에서 대책 논의에 분주한 가운데 '지창수 이하 좌익 세포원들을 체포할 것'이라는 급보가 전해졌다. 밀고자가 있어 조직이 발각되었던 것이다. 급박한 상황에서 무장봉기 방침이 정해졌다.

아침식사를 마치고 나자 14연대 구내에 비상나팔 소리가 울려 퍼졌다. 연병장에 모인 병사들의 틈을 헤집고 지창수가 연단 위로 뛰어 올라갔다. '우리는 조국의 염원인 남북통일을 원하며 동족상잔의 제주도 출동을 반대한다. 지금 경찰이 쳐들어오니 경찰을 타도하자.' 남로당 세포원들이 동조하며 앞장서자 대부분의 병사들은 '옳소' 하며 호응했다. 병사들이 봉기에 가담한 결정적인 이유는 무엇보다 제주도 파병이 곧 '분단정권 거부 투쟁에 나선' 제주도민의 대량학살로 이어질 것을 알고 있었기 때문이다. 14연대의 좌익세력은 다른 부대에 비해 강한 편이 아니었다. 하시만 경찰에 내한 병사들의 반감이 높았던데다 같은 민족에게 총을 겨눌 수 없다는 정서가 강했다.

14연대의 봉기는 상부 당조직에 알리지 못한 채 독자적으로 진행되었다. 지도선이 달랐던 연대 내의 남로당계 장교 그룹도 봉기 계획을 눈치채지 못했다. 순식간에 부대를 장악한 봉기군은 지창수의 인솔 하에 여수 시내로 진격하였다. 다음날 새벽 여수경찰서를 비롯한 주요 기관이 이들에게 접수되었다. 무방비 상태나 다름없던 여수를 장악한 봉기군은 이내 순천으로 향했다.

봉기군은 순천으로 북상하면서 지도부를 바꾸었다. 전투 능력을 발휘하기 위해서는 장교의 지휘가 필요하다고 생각해 김지회를 사령관으로 추대하였다. 소식을 들은 순천 경찰은 인근지역의 경찰 병력과 우익청년단까지 끌어모아 대항하였다. 하지만 순천에 파견

나가 있던 홍순석 휘하의 2개 중대가 봉기군에 합류하는 바람에 순천 역시 손쉽게 봉기군의 손에 넘어갔다. 한편 이들의 진압을 위해 광주에서 파견된 4연대 1개 중대는 교전을 벌이지도 않은 채 봉기군에 합세하였다.

같은 날 여수와 순천을 장악한 봉기군은 병력을 3개 부대로 나누었다. 천여 명의 주력부대는 구례, 곡성 방면으로 나아갔다. 이들의 본래 전략은 지리산으로 들어가 투쟁의 거점을 마련하는 것이었다. 나머지 부대는 동쪽의 광양, 하동 방면과 서쪽의 벌교, 보성 방면으로 진출하였다. 동서쪽으로 일부 부대가 움직인 것은 주력부대가 안전하게 산악지역으로 들어갈 수 있도록 돕기 위해서였다. 전남 동부 지역의 6개 군이 봉기군의 수중에 들어갔다.

봉기군이 여수와 순천에 진입하자 남로당 조직이 호응하였다. 구례에서는 봉기군이 도착하기도 전에 이미 경찰서가 점령되었다. 해방 직후 이 지역은 우익 계열이 우세를 점한 가운데 평온한 분위기를 유지하고 있었다. 평화적인 좌우 공존관계는 단독선거를 둘러싸고 서로 충돌하면서 금이 가기 시작했다. 14연대의 봉기에 발맞추어 좌익세력은 즉각 해방후 조직되었던 인민위원회를 부활하였다. 인민위원회는 가장 심각한 문제였던 식량 배급을 늘리는 등 대중의 요구에 부응하는 한편 토지개혁을 약속하였다. 민중봉기의 성격을 엿볼 수 있다.

하지만 남로당은 상황을 제대로 통제하지 못했다. 경찰의 무자비한 탄압에 시달리던 민중들은 경찰과 반동분자를 가려내는 일에 나섰다. 친일파, 악덕 지주, 고리대금업자 등 민중의 원성을 사던 사람에 대한 보복, 살해가 도처에서 벌어졌다. 점령기간이 짧았기 때문

불타는 여수 시가. 진압군이 치솟는 커다란 불길을 바라보고 있다.

에 인민위원회는 사회개혁에 제대로 나설 수 없었고, 그렇기에 경찰과 우익인사 처단이라는 생채기만 깊게 각인되었다. 이는 진압군이 들어오면서 다시 '피의 보복'이 반복되는 화근이 되었다.

법적 근거 없이 선포된 위법한 계엄

20일 새벽 14연대의 봉기 소식이 서울에 전해졌다. 군내가 대규모 반란을 일으켰다는 소식에 정부는 화들짝 놀랐다. 정부는 미 군사고문단의 지원 아래 즉각 강경진압책을 수립하였다. 토벌사령부가 설치되고 사령관에 송호성 육군총참모장이 임명되었다. 또한 진압작전을 전개할 때 미국인 군사고문단을 대동하도록 했다. 송호성 사령관의 고문이 되어 토벌작전을 총지휘 감독한 사람은 하우스만 대위였다. 하우스만은 21일 오후 미 군사고문단을 이끌고 광주에 도착하였다.

진압작전에는 육군 전체 병력의 3분의 1가량이 투입되었다. 장갑차와 박격포 같은 무기는 물론 7척의 해군 함정과 10대의 비행기까지 동원되었다. 진압군의 작전계획은 광주, 남원, 하동에서 군대를 움직여 봉기군을 포위 섬멸하는 것이었다. 그러나 초기 진압작전은 성과를 거두기는커녕 오히려 진압군이 밀리는 형국이었다. 그러자 22일 돌연 계엄령이 선포되었다. 계엄포고령의 내용은 다음과 같다.

> 본관에게 부여된 권한에 의하여 10월 22일부터 별도의 명령이 있을 때까지 아래와 같이 계엄령을 선포함. 만일 위반하는 자는 군법에 의하여 사형, 기타에 처함.
> 첫째, 오후 7시부터 다음날 아침 7시까지 일절 통행을 금함.
> 둘째, 옥내외의 집회를 일절 금함.
> 셋째, 유언비어를 만들어내 민중을 선동하는 자는 엄벌에 처함.
> 넷째, 반도叛徒의 소재를 알았을 때는 본여단 사령부에 보고하

희생자 앞에서 오열하는 가족들. 뒤편의 군인은 미군 임시군사고문단원 랠프 블리스 소령.

며, 만일 반도를 은닉하거나 반도와 밀통密通하는 자는 사형에 처함.

다섯째, 반도의 무기, 기타 일체 군수품은 본사령부에 반납할 것. 만일 은닉하거나 몰래 감추는 자는 사형에 처함.

계엄포고령은 제5여단 김백일 여단장의 명의로 선포되었는데 계엄이 적법한 것이었는지 많은 의문이 제기된다. 당시 반군토벌전투사령부의 구성은 송호성 사령관 밑에 제2여단장 원용덕, 제5여단장 김백일이 위치하고 있었다. '대통령은 법률의 정하는 바에 의하여 계엄을 선포한다.' 제헌헌법 제64조의 문구다. 우선 계엄 선포권자를 대통령으로 명시한 규정에 어긋난다. 더욱이 계엄법이 제정된 시기는 1949년 11월이니, 1948년 당시에는 아예 계엄법 자체가 존재하지 않았다. 근거 법률이 없으므로 계엄령을 선포할 수 없는 것이다. 법적 절차의 하자를 보완하기 위해 10월 25일 이승만 대통령은 국무회의 의결을 거쳐 다음과 같이 계엄령을 다시 선포했다.

국무회의의 의결을 거쳐서 제정한 계엄 선포에 관한 건을 이에 공포한다.
대통령 이승만 인印
단기 4281년 10월 25일
대통령령 제13호 계엄 선포에 관한 건
여수군 및 순천군에 발생한 군민軍民 일부의 반란을 진정하기 위하여 동지구를 합위지경合圍地境으로 정하고 본령 공포일로부터 계엄을 시행할 것을 선포한다.

위의 문서에는 국무총리 겸 국방부장관 이범석을 비롯한 국무위원 12명의 이름이 연명으로 표기되어 있다. 다시 선포한 계엄령에서도 계엄 발령의 근거가 무엇인지 여전히 밝히고 있지 않다. 계엄사령관이 누구인지도 빠져 있다. 앞선 김백일 포고령에서 빠져 있던 계엄 대상지역에 대한 규정 역시 불완전하다. 일주일 후 조직 개편으로 북지구전투사령관이 된 원용덕은 자신의 이름으로 포고령을 발표하면서 '전라남북도는 계엄지구'라는 표현을 사용하는데, 이처럼 계엄지역을 자의적으로 해석할 여지가 애초부터 주어진 셈이다.

계엄 선포가 적법하지 못하다는 국회의 문제제기에 정부도 계엄령 선포가 법적 근거 없이 이루어졌다는 사실을 인정했다. 법무부장관은 '계엄령은 급박한 때에 현지 군사령관이 하는 것이며, 행정권 정지나 사법권 귀속 없이 단지 동란을 방지하는 응급조치의 수단에 불과한 것'이라고 둘러댔다. 당시 정부가 궁여지책으로 찾아낸 계엄령 발동의 근거는 일제강점기에 적용된 일본의 계엄령으로 보인다. 10월 25일 선포된 계엄령 문구에 '합위지경'이라는 말이 들어 있기 때문이다. 일본 계엄령의 합위지경은 지금의 비상계엄에 해당하며, 합위지경이 선포되면 계엄사령관이 모든 지방 행정사무와 사법사무를 관장하게 된다. 해방된 나라에서 일제강점기 법령이 여전히 효력을 지닌다고 한다면 소가 웃을 일이다. 일본과 체결한 과거의 조약은 나중에 모두 무효로 선언되었다.

10월 22일부터 진압군의 순천 공격이 본격화되어 23일 순천이 수복되었다. 그 사이 봉기군은 백운산과 지리산으로 근거지를 옮겼다. 진압군은 기세를 올리며 광양, 벌교, 보성 등지를 평정하였다. 23일부터는 여수 공략이 시작되었다. 바다와 육지에서 동시에 공격에 나섰지만 번번이 고배를 마셔야 했다. 하지만 육해공 합동작전으로 무차별 초토화작전을 전개하는 진압군을 봉기군이 언제까지 막아낼 수는 없었다. 처절한 시가전을 끝으로 여수는 10월 27일 진압군에게 완전히 장악되었다. 이 지역에 내린 계엄은 1949년 2월 5일 해제되었다.

반란 참가 혐의로 체포된 사람들이 트럭에 실린 모습.

마음대로 죽일 수 있는 살인 면허장처럼 인식된 계엄령

여수, 순천 등지가 진압군의 손에 들어왔다고 해서 사건이 종결된 것은 아니었다. 봉기에 가담했던 병사들과 남로당원 등이 지리산 주변의 산속으로 피신했기 때문이다. 여수를 탈환한 뒤 토벌사령부는 호남방면전투사령부로 조직이 개편되었는데, 순천과 남원에 각기 사령부를 둔 남지구전투사령부와 북지구전투사령부로 나뉘어 토벌작전을 전개했다.

계엄령이 선포된 지역에서 군의 위상은 무소불위였다. 계엄사령관이 행정권과 사법권을 전부 장악했기 때문에 민간은 물론이고 경찰을 손 아래 두고 통제하였다. 국방경비대 시절과는 완전히 달라진 모습이었다. 11월 1일 발령된 북지구전투사령관 원용덕 대령의 포고문은 사법권과 행정권을 독점하고 있던 군의 위상을 여실히 보여준다. '폭도'를 숨겨준다든지 '반란분자'를 고발하지 않는 행위는 그렇다 쳐도, 통행금지를 위반하거나 규정에 맞지 않는 국기 혹은 남루한 국기를 게양하면 군율로 즉결 총살한다는 내용까지 들어 있으니 말이다. 군은 빨치산 출몰지역의 마을을 불태우고 후방에 집단부락을 만들어 주민을 이주시켰다. 빨치산과의 접점을 원천봉쇄한 것이다. 이런 과정에서 지휘관의 자의적인 판단에 따른 즉결처분이 수도 없이 일어났다.

군은 또한 통행증명서와 신분증명서를 발급해 민간인의 통행을 통제했다. 이를 어길 시에는 군사재판에 회부하곤 했다. 심지어 거주구역에서 백 미터 이상 벗어날 때는 이적행위자로 간주해 총살한다는 담화가 발표되기도 했다. 이를 주도한 자들은 간도특설대를 비롯한 만주군과 일본군 출신의 군인들이었다. 항일세력을 토벌하면서 마을을 초토화하던 못된 경험을 그대로 재현한 것이다.

지리산으로 입산한 봉기군은 14연대 병사와 후퇴시 가담한 지지세력을 합쳐 대략 1천 명 규모였다. 진압군의 적극공세에 밀려 세력이 급격히 약화된 이들은 반년 후 겨우 2백 명 정도만이 살아남았다. 김지회와 홍순석은 사살되고, 체포된 지창수는 6·25전쟁 중 처형되었다. 지리산을 무대로 게릴라 활동을 계속하던 나머지 병력은 6·25가 터지면서 이른바 지리산 빨치산의 대명사인 남부군의 주력이 된다. 이들의 활동도 1953년 말 군경이 대규모 진압작전을 펼치면서 역사 속으로 자취를 감추었다.

계엄령은 반군뿐만 아니라 민간인도 멋대로 죽일 수 있는 근거가 되였다. 노서에서 즉결처분이 이루어졌다. 계엄령이 무엇인지 제대로 된 인식도 없이 마치 계엄령이 내리면 혐의가 있는 사람을 마음대로 죽여도 되는 양 무법천지가 펼쳐졌다. 봉기가 가장 먼저 진압된 순천에서부터 잔인한 보복이 시작되었다. 진압군은 시민들을 넓은 장소에 모이게 했다. 부역자를 가려내는 작업이 시작된 것이다. 남녀노소 가리지 않고 많은 사람이 한군데 모인 속에서 '심사'가 진행되었다. 심사원들이 쓱 훑어보다가 '저놈이다' 하고 손가락을 가리키면 모든 게 끝이었다. 끌려간 사람들은 총소리와 함께 구덩이 속으로 거꾸러졌다.

치열한 항쟁이 닷새가량 이어진 여수는 진압 단계부터 마치 전 시민을 적으로 취급하는 모양새였다. 진압군은 시가지를 향해 무차별 포격을 퍼부었다. 작전이 끝났을 때 여수는 이미 잿더미였다. '백두산 호랑이'라는 별명으로 악명을 떨친 김종완은 여수 상륙 부대를 이끌다 여러 차례 실패를 거듭했다. 그는 분풀이라도 하듯이 '칼 시험'이나 해보겠다며 부역 혐의자를 일본도로 베어 죽였다. 마구잡이 보복과 처형으로 시내 도처에 시체가 즐비했다. 봉기군이 장악한 지역 모두에서 비슷한 광경이 펼쳐졌다.

봉기군이 백운산과 지리산 속으로 숨어든 다음에는 토벌작전이 전개된 산악지역에서 민간인 피해자가 대거 발생하였다. 반군이 학교를 모임장소로 이용했다고 교사와 마을주민을 집단학살하는가 하면 제대로 토설하지 않는다며 주민을 끌어내 총살했다. 고문을 못 이겨 허위자백한 주민을 처형하거나 가족 전체가 몰살당하는 일도 있었다.

억울하게 죽은 사람들의 한이야 다시 말할 것도 없지만 남은 가족들 역시 살아도 산 게 아니었다. 유족들은 비명에 죽은 가족의 비극을 하소연할 데도 없이 슬픔을 가슴에 묻어야 했다. 연좌제의 사슬 속에서 이유불문하고 '빨갱이 자식'으로 냉대당하고 감시의 대상

부역 혐의로 체포된 여성들.

군인들이 여수 시민을 여수서국민학교 운동장에 집결시킨 후 부역자를 가려내고 있다.

이 되어야 했으니, 그들 역시 또 다른 피해자일 뿐이다.

　여순사건으로 막대한 인명 피해가 발생했지만 몇 명이 죽었는지 정확한 통계조차 없다. 1949년 11월 전라남도가 조사한 자료에 따르면 인명피해는 11,131명에 이르며, 여수지역사회연구소는 그 숫자를 만여 명으로 추정하였다.

'반공국가' 건설의 충성 집단으로 다시 태어난 군부

　여순사건은 신생 대한민국에 불어닥친 엄혹한 시련이었다. 이승만정부가 위기에서 벗어나는 데는 미 군사고문단의 역할이 컸다. 그들은 미군이 갖고 있던 장비와 물자를 적극 지원하였다. 수송기와 비행기, 박격포, 경기관총 등의 무기 지원뿐 아니라 작전계획 수립과

부대의 이동에 이르기까지 진압작전의 모든 영역에 관여하였다. 만주군 출신의 강경파를 진압작전의 전면에 배치한 것도 그들의 영향력 때문이었다. 이는 만주군 출신이 군의 요직을 차지하는 밑거름이 되었다.

한편 위기를 느낀 정부는 반공노선을 더욱 강화하게 된다. 그것은 먼저 국가보안법의 제정으로 나타났다. 국가보안법은 사상의 자유를 규정한 헌법정신에 위배된다 하여 처음에는 강력한 반대에 부딪혔다. 독립운동가를 때려잡던 일제의 치안유지법을 그대로 표절한 것이라는 점도 비판의 대상이 되었다. 또한 규정이 몹시 모호하고 포괄적이어서 반대 정치세력을 탄압하는 도구로 악용될 소지가 컸다. 아니나 다를까 국가보안법의 제정과 함께 감옥은 국가보안법 위반자로 넘쳐나기 시작했다. 정부는 또한 일제의 사상보도연맹을 본뜬 국민보도연맹을 만들어 국민 사상통제에 나서는가 하면, 우익청년단의 통합(대한청년단), 학도호국단과 민보단 조직을 통해 준무력기구를 장악했다.

아울러 군대 내에 침투한 좌익세력을 색출하는 숙군작업이 본격화되었다. 숙군은 이미 한 해 전부터 진행되고 있었는데 여순사건 이후 한층 가속화되었다. 육군본부 정보국 주도 하에 좌익 혐의자 검거 선풍이 군 전체로 확산되었다. 군 전체 병력의 5%에 이르는 4,700여 명이 숙청되고, 이 가운데 2천여 명을 총살형에 처했다. 숙군이 확대되자 탈영하거나 반란을 도모하는 일도 일어났다. 박정희도 이때 체포되어 무기징역을 선고받았다. 그는 만주군 인맥인 육군본부 정보국장 백선엽 등의 도움과 군부내 남로당원의 명단을 넘기는 대가로 살아남았다.

정부는 여순사건의 배후에 공산주의자들뿐 아니라 김구 같은 반이승만 노선의 우파도 있다며 민족주의 성향의 장교들도 숙청하였다. 이범석 국무총리는 '극우 정객'들이 공산주의자들과 결탁한 것이라며 김구를 비판했다. 광복군 출신으로 김구를 따르던 오동기 소령을 비롯한 민족주의 계열의 군인들도 처형되거나 군을 떠났다.

사실 오동기는 여순사건이 발생하기 한 달 전까지 14연대의 연대장이었다. 오동기의 체포가 숙군에 대한 불안감으로 작용하며 여순사건 발발에 영향을 끼친 측면도 있을 것이다. 오동기의 체포에는 더 큰 음모가 도사리고 있었으니, 미군정 경무부 수사국장 출신의 최능진과 엮인 혁명의용군 사건이다. 지조 있는 독립운동가의 삶을 살아온 최능진은 반이승만 노선의 선두에 섰던 사람이다. 밉보인 최능진은 결국 정부 전복 쿠데타를 음모했다는 혐의로 법정에 서야 했다. 이 사건의 군부 책임자로 기소된 것이 오동기였다. 1968년에 출간된 《육군전사》는 오동기의 무고함을 설명하는 데 많은 지면을 할애하고 있다. 결국 혁명의용군 사건은 최초의 관제 빨갱이 사건이었던 셈이다.

숙군 이후 군부는 일본군과 만주군 출신으로 친일에서 친미로 말을 갈아탄 장교들이 요직을 장악하였다. 친일 경찰로 도배된 경찰과 함께 군부 역시 이승만의 '반공국가' 건설에 절대충성하는 집단으로 다시 태어났다. 이들은 이승만정권을 지탱하는 든든한 물리력이 되었다.

제주도를 '피의 바다'로 물들인
4·3계엄령

　제주4·3은 우리 현대사에서 6·25전쟁 다음으로 많은 사람이 목숨을 잃은 불행한 사건이다. 경찰의 발포로 민간인이 사망한 1947년 3·1절 집회 이후 좌우대립이 한층 격화하다가 다음해 5·10총선거를 앞두고 4·3봉기로 표출되었다.

　당시는 정부 수립 전이라서 미군정이 통치하고 있었다. 미군정은 경찰과 군대뿐 아니라 서북청년단까지 파견해 초강경 진압작전을 전개하였다. 미군정과 진압군은 제주도민 전체를 좌파로 몰다시피 하며 '빨갱이' 사냥에 나섰다.

　그러던 중 대한민국정부가 출범하였다. 여전히 제주도 사태를 마무리짓지 못하고 있던 정부는 1948년 11월 17일 제주도에 비상계엄령을 선포하였다. 우리 헌정사에서 발령된 두 번째 계엄령이다. 4·3계엄령 역시 여순사건 계엄령처럼 '합위지경'으로 선포되었다. 계엄법이 제정되기 전이라서 4·3계엄령은 당시 제헌국회에서 논란이 되었을 뿐 아니라, 지금까지도 계엄 자체의 불법성에서 자유롭지 못하다.

4·3의 시작은 여순사건에 훨씬 앞섰지만 계엄령은 사건 발생 6개월이 지나서야 선포되었다. 계엄령이 발령되면서 민간인 대량학살이 한층 대대적으로 진행되었다. 중산간 마을에 대한 초토화작전과 함께 어린아이부터 거동이 불편한 노인에 이르기까지 남녀노소 구분 없는 무차별 학살이 자행되었다. 제주도 인구의 10% 남짓에 해당하는 3만여 명이 희생되었다는 게 정설이다. 중산간 마을의 95% 이상이 소실되는 등 제주도 사회의 붕괴로 인식될 만큼 큰 피해가 발생한 데는 무소불위의 제도로 받아들여진 계엄령의 영향이 컸다.

가만히 있어도 죽을 테니 싸우다가 죽자

1948년 4월 3일 새벽, 제주도 전역의 오름에 붉은 봉홧불이 타올랐다. 봉홧불을 신호로 남로당 제주도당 소속 무장대가 경찰지서를 공격하기 시작했다. 350명 규모의 무장대는 일제가 남기고 간 99식 소총과 권총, 수류탄 몇 개로 무장했으며, 제대로 된 무기가 없는 사람은 칼, 죽창, 몽둥이를 손에 들었다. 이들은 12개 지서와 우익단체 요인의 집을 공격해 경찰 4명과 우익인사 8명을 살해하였다. 무장대도 사망 2명, 생포 1명의 인명 피해를 입었다. 무장대는 자신들의 봉기를 알리는 호소문에서 '단선단정 반대'와 '완전한 민족해방'을 천명하였다. 아울러 고난과 불행을 강요하는 미군정과 미군정 앞잡이들의 학살만행을 제거하기 위해 함께하자고 호소하였다.

미군정은 5·10총선거를 파탄내기 위해 외부 불순세력이 개입한 것이라고 판단해 육지 경찰력과 우익청년단의 증파에 나섰다. 또한 봉기 진압을 진두지휘할 제주비상경비사령부를 설치하고, 통행금지령을 내려 저녁 8시 이후의 통행을 전면 금지하였다. 하지만 제주 경찰은 4·3봉기는 그동안 쌓인 제주도민의 불만이 폭발한 것이라서 특단의 민심수습책이 필요하다고 보았다.

1948년 5·10총선거의 선거 홍보물.

사실 4·3사건의 뇌관은 한 해 전부터 점화되고 있었다. 제주읍에서 열린 1947년 3·1절 기념식에서 경찰의 발포로 6명의 민간인이 사망하는 사건이 발생했다. 희생자 가운데는 어린 학생과 젖먹이를 안은 여인도 있었다. 과잉대응이 분명했음에도 경찰은 정당방위라고 발뺌했다. 대책위원회가 구성되고 책임자 처벌을 요구하는 총파업이 전개되었다. 총파업에 제주 출신 경찰이 참가할 정도였다.

사태를 수습하기 위해 제주도를 방문한 미군정 경무부장 조병옥은 사건이 북한과의 공모 하에 일어난 것이라며 제주도를 '빨갱이 섬'으로 몰아갔다. 하지만 미군 보고서에 의하더라도 3·1절 사건 전까지는 제주도에서 '공산주의자에 부화뇌동하여 일어난 소요'는 다른 지역에 비해 상대적으로 적은 편이었다. 총파업을 분쇄하기 위해 응원경찰과 서북청년단 등이 제주도에 급파되고, 파업 주동자 5백여 명이 검거되었다. 미군정의 무차별 탄압으로 총파업은 분쇄되었다.

미군정은 좌익세력을 분쇄하기 위해 우익세력의 강화에 지속적으로 힘을 쏟았다. 우선 제주도 군정장관과 제주지사 등의 고위관리를 극우 강경파로 교체하였다. 극우주의자로 악명 높았던 제주지사 유해진은 제주 출신 관료들을 파직하거나 한직으로 좌천시키고 자신이 데려온 인물로 채웠으며, 경찰에 극우 테러리스트를 집어넣어 좌익계 파괴공작에 앞장섰다.

제주도민을 더욱 분노케 한 것은 육지 출신 경찰과 서북청년회의 만행이었다. 탄압의 도구가 된 서북청년회의 횡포는 필설로 형용하기 어려울 정도였다. 그들은 활동자금을 마련한답시고 태극기와 이승만 사진을 강매하는가 하면 주민 재산을 강탈하는 일도 서슴지 않았다. 무자비한 테러에 이골이 난 서북청년회는 같은 우파 청년단

말을 타고 있는 미군정 기마 경찰.

체인 족청 세력을 빨갱이로 몰아 집단사살하기까지 했다.

 탄압이 날로 심해지면서 주민들은 점점 막다른 골목으로 몰리기 시작했다. 3·1사건부터 한 해 사이에 검거된 사람만 2,500여 명에 이르렀다. 고문치사 사건마저 잇따르자 '가만히 있어도 죽을 테니 싸우다가 죽자'는 분위기가 팽배했다. 이런 속에서 전국적인 단선반대투쟁이 후끈 달아올랐다. 민족주의 정당도 대부분 단선단정을 반대한데다 단독정부 반대는 당시의 민족적 대의였기 때문에 실질적 대중조직을 갖추고 있던 남로당의 입지는 강화될 수밖에 없었다. 그러던 중 1948년 1월 제주도당 핵심간부들이 대거 검거되는 사태가 발생했다. 궤멸 상태의 궁지에 몰린 제주도 내 좌익진영은 신진 지도부의 결정에 따라 결사항쟁을 결정하게 된다.

미군정의 무력 진압 방침 때문에 깨진 평화협정

5·10선거를 앞두고 전국에서 반대투쟁이 전개된 것에 비추어보면 제주 4·3봉기는 좀 더 조직적이었을 뿐 다른 지역의 항쟁과 큰 차이가 없었다. 미군정도 처음에는 단지 '치안 상황'으로 여기며 대책을 마련했다. 하지만 경찰력만으로는 한계가 있다고 판단해 모슬포에 주둔하고 있던 9연대에 진압을 명령했다. 민족적인 성향을 갖고 있던 군은 군대가 개입할 사건이 아니라고 보고 먼저 선무 작업을 벌인 후 토벌에 나서기로 했다.

9연대장 김익렬과 무장대 군사총책 김달삼 사이에 평화협상이 열렸다. '72시간 안에 전투를 중지하고, 무장 해제후 하산하면 신병을 보장한다'는 내용의 평화협정이 성사되었다. 어렵사리 성사된 회담은 미군정사령관 하지가 무력 진압 방침을 결정하는 바람에 깨지고 말았다. 미군정은 제주도 주둔 병력만으로 사태를 진정시킬 수 있다고 오판하였다. 평화협상이 열린 지 사흘째 되는 5월 1일에는 오라리 마을 방화사건이 발생했다. 미군의 지원 아래 우익청년단이 저지른 것이지만, 미군정과 경찰은 '폭도들의 행위'로 조작하였다. 이 사건은 평화협상을 파기하고 강경진압의 명분을 제공하는 지렛대로 작용했다. 강경진압으로 선회한 미군정은 9연대장을 박진경 중령으로 교체하였다. 박진경은 '폭동사건을 진압하기 위해 제주도민 30만을 희생시켜도 무방하다'고 말한 강경파였다.

이와 함께 미군정은 미군과 경찰은 물론 향보단까지 동원해 총

5월 5일 제주비행장에 도착한 군정장관 윌리엄 딘 소장 일행. 유해진 제주지사, 송호성 조선경비대 총사령관 등의 모습이 보인다.

선거 참여를 독려했다. 하지만 무장대가 앞장선 적극적인 거부투쟁으로 제주도 3개 선거구 가운데 2개 선거구는 투표수가 유효투표에 미달하였다. 심각한 도전으로 받아들인 미군정은 경비대와 경찰병력, 서북청년단을 증파하며 본격적인 토벌작전을 시작하였다. 제주지구 미군사령관에는 '원인에는 흥미가 없고 나의 사명은 진압뿐'이라며 강경진압을 천명한 브라운 대령이 임명되었다. 6월 중순까지 6천여 명의 입산자가 검거되었다. 무리한 진압작전에 반발한 경비대 병사들이 집단 탈영해 무장대에 합류하는가 하면 9연대장 박진경이 부하들에게 암살되는 사건도 발생했다.

미군정은 6월 하순에 접어들면서 평정이 가시권에 들어왔다고 보았다. 총선거 후 8월 15일 대한민국정부가 수립되는 과정에서 한동안 소강국면이 이어졌다. 제주도민의 여론도 평화적인 문제해결 쪽으로 쏠렸다. 그 사이에 무장대 총책은 이덕구로 바뀌었다. 김달삼이 해주에서 열린 남조선인민대표자회의에 참석하기 위해 제주도를 떠났기 때문이다.

'피의 바다'가 된 고립무원의 섬 제주와 4·3계엄령

소강국면은 오래 가지 않았다. 남북에 두 개의 정부가 세워짐에 따라 이승만정부는 제주도사태를 정권의 정통성에 대한 도전으로 인식했다. 미국 중심의 세계질서에 걸림돌이 될 것으로 판단한 미국 역시 강경한 태도를 견지했다. 강경진압작전은 10월 들어 본격적으로 시작되었다. 정부는 제주도경비사령부를 설치하고 군 병력의 제주 증원을 서둘렀다. 그런데 돌연 제주 파견을 명령받은 여수 14연대가 10월 19일 반기를 들며 봉기하였다. 정국은 더욱 걷잡을 수 없는 소용돌이 속으로 빠져들었다.

10월 17일 제주경비사령부 부사령관인 송요찬 9연대장은 다음과 같은 포고문을 발표했다.

> 본도의 치안을 파괴하고 양민의 안주를 위협하여 국권 침범을 기도하는 일부 불순분자에 대하여 군은 정부의 최고 지령을 받들어 이들 매국적 행동에 단호 철추를 가하여 본도의 평화를 유지하며 민족의 영화와 안전의 대업을 수행할 임무를 가지고 군은 극렬자를 철저 숙청코자 하니 도민의 적극적이

> 며 희생적인 협조를 요망하는 바이다.
> 군은 한라산 일대에 잠복하여 천인공노할 만행을 감행하는 매국 극렬분자를 소탕하기 위하여 10월 20일 이후 군 행동 종료기간 중 전도 해안선부터 5km 바깥 지점 및 산악지대의 무허가 통행금지를 포고함.
> 만일 이 포고에 위반하는 자에 대하여서는 그 이유 여하를 불구하고 폭도배로 인정하여 총살에 처할 것임. 단 특수한 용무로 산악지대 통행을 필요로 하는 자는 그 청원에 의하여 군 발행 특별통행증을 교부하여 그 안전을 보증함.

이 포고문은 '정부의 최고 지령'에 따라 내렸다고 되어 있다. 그것이 구체적으로 누구인지, 법적 성격은 어떻게 되는지 자세히 알기는 어렵다. 다만 '해안선에서 5km 이상 들어간 중산간지대를 통행하는 자는 이유 여하를 불문하고 폭도배로 간주하여 총살하겠다'는 무시무시한 내용이니 계엄이나 진배없다. 이렇게 제주도 초토화작전은 시작되었다. 해안선 5km 바깥의 중산간지대를 적성敵性 지역으로 간주해 초토화하는 작전은 미군의 계획이었다는 증언도 있다.

포고문 발표 다음날 제주해안이 봉쇄되었다. 14연대의 봉기는 제주도에서의 강경작전에 더욱 힘을 실어주었다. 고립무원의 섬 제주는 점점 '피의 바다'가 되어갔다. 여수와 순천에 계엄을 선포한 정부는 이어서 제주에도 계엄령을 발동하였다.

> 국무회의 의결을 거쳐서 제정한 제주도지구 계엄 선포에

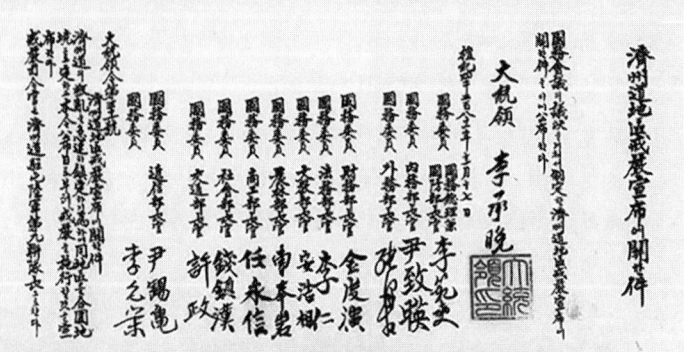

11월 17일 발령된 제주도지구 계엄 선포 문건.

관한 건을 이에 공포한다.

대통령 이승만 인

단기 4281년 11월 17일

대통령령 제31호 제주도지구 계엄 선포에 관한 건

제주도의 반란을 급속히 진정하기 위하여 동지구를 합위지경으로 정하고 본령 공포일로부터 계엄을 시행할 것을 선포한다.

계엄사령관은 제주도 주둔 육군 제9연대장으로 한다.

4·3계엄령 역시 여순사건 계엄령과 마찬가지로 위법성 논란 위에 서 있다. 계엄법이 제정되기 전에 발령되었기 때문이다. 근거법령이 불확실하다 보니 계엄령이 구체적으로 무엇을 의미하는지 명확하지 않고, 계엄사령관조차 계엄령의 구체적인 내용을 몰랐다고 한다. 합위지경이라는 표현에서 일제강점기에 적용되던 일본 계엄

법을 의용했다고 추론할 수는 있지만, 설령 그렇다 하더라도 그것이 법적 정당성을 보장해주는 것은 아니다. 일본 계엄령의 합위지경은 계엄사령관이 모든 지방 행정사무와 사법사무를 관장하는 비상계엄에 해당한다. 계엄사령관에는 9연대장 송요찬이 임명되었다.

3만여 명이 목숨을 잃은 제주의 비극

계엄령의 선포와 함께 중산간마을 초토화작전은 한층 가속화되었다. 1948년 11월부터 다음해 3월까지 참혹한 집단 살상이 집중되었다. 중산간마을에 자리한 백여 곳의 마을이 불에 타 사라졌다. 재판절차도 없이 남녀노소 무차별 학살이 자행되었다. 이범석 총리는 국회에서 '계엄령의 시행으로 급속도로 사태의 호전을 보고 있다'고 보고했다. 1948년 12월 31일에 계엄령이 해제되었지만 계엄령의 시행과 더불어 한번 불이 붙은 무차별 학살의 흐름은 꺾이지 않았다. 다음해 1월 벌어진 조천면 북촌마을 사건이 대표적이다. 한 마을 주민 4백여 명이 군인들에게 집단총살당한 것이다.

언론인들을 잡아넣는 등 언론이 통제되면서 제주도의 실상은 외부에 알려질 수 없었다. 군경 토벌대가 학살한 민간인의 주검은 무장대로 둔갑해 그들의 전과가 되었다. 소개령이 내려졌음에도 노인, 부녀자, 어린이, 병자 등은 마을을 떠나지 못하고 그대로 머무는 경우가 많았다. 이들은 토벌대의 사냥감이 되기 일쑤였다. 소개령이 내린 줄 모르고 있다가 학살당한 마을도 적지 않았다. 해변마을로 옮겨왔을지라도 그들의 가족 가운데 사라진 사람이 있으면 총살되었다. 그것은 해변마을 주민이라도 마찬가지였다. 도피자 가족이라

초토화작전을 피해 깊은 산속으로 피신한 사람들. 어린아이가 많이 보인다.

는 혐의였다. 약속과 달리 자수자를 집단 총살하기도 했다. 토벌대가 무장대 차림으로 민가에 들어가 도움을 청하고 거기에 응하는 사람을 총살하는 함정토벌 또한 전과 올리기의 한 예였다.

정부는 '신뢰할 수 있는 토벌대'로 서북청년회를 적극 활용했다. 군대와 경찰에 서북청년회 단원들이 투입되었다. 서북청년회 단원만으로 구성된 특별중대까지 구성되었다. 서북청년회 단원들로 구성된 부대는 1949년 5월 제주에서 철수했다. 막강한 힘을 자랑하던 서북청년회의 횡포가 평온이 회복된 다음에도 지속되어 원성이 자자했기 때문이다. 한편 무장대의 보복도 끊이지 않았다. 초토화작전이 시작된 다음에는 자신들을 배신하거나 토벌대 편으로 기운 마을을 찾아가 응징했다. 군경이 주둔하고 있던 마을에 대한 공격도 이어졌다. 무장대가 궤멸 상태에 빠진 이후에는 굶주림에 지쳐 식량을 약탈하러 갔다가 주민을 살해하기도 했다.

무장대가 거의 궤멸 상태에 다다른 시기는 1949년 3월 중순 무렵으로 판단된다. 이렇다 할 활동을 전개할 동력을 잃고 숨어서 겨우 연명하는 신세가 되었다. 6월 초에는 무장대 총책 이덕구가 사살되었다. 이덕구의 죽음으로 4·3봉기는 사실상 종결되었다. 6·25전쟁이 터지면서 무장대가 잠시 경찰지서나 마을을 습격한 일이 있지만 이는 사라지는 여진에 불과했다. 1954년 9월 한라산 금족령이 해제됨으로써 제주는 평화를 되찾았다.

3만 명 언저리의 많은 사람이 목숨을 잃고 집계하기조차 어려운 재산상의 피해를 입었지만, 제주의 비극은 이게 끝이 아니었다. '하산하면 죄를 묻지 않고 생명을 보장해준다'는 군경의 말을 믿고 산을 내려온 사람들은 그대로 총살당하거나 임시수용소에 갇히는 신세가 되었다. 수용소에 갇혀 있다 형식적인 군법회의를 거쳐 육지 형무소로 이송된 사람만 1,600여 명에 이른다.

6·25전쟁과 함께 제주에는 또다시 비극이 밀어닥쳤다. 보도연맹 가입자와 입산자 가족 등이 대거 예비검속으로 잡혀들어간 것이다. 서울과 경기를 제외하고는 제주도의 보도연맹 가입자수가 가장 많았다. 제주도 예비검속자의 대부분은 서귀포 앞바다, 제주읍 비행장 등에서 집단 수장되거나 총살되었다. 전국 각지의 형무소에 수감되어 있던 4·3 관련자들도 집단 처형되었다.

6·25전쟁 중의 계엄과 전시동원체제

1950년 6월 25일 새벽, 38선 전역에서 북한군이 기습 남침을 감행하였다. 한반도를 잿더미로 만든 우리 민족 최대의 비극 6·25전쟁이 일어난 것이다. 전쟁에 대한 준비가 부족했던 이승만정부는 북한의 기습 공격에 제대로 대응하지 못했다. 크게 밀리기 시작한 국군은 속절없이 후퇴할 수밖에 없었다.

전쟁이 일어나자 정부는 비상계엄을 선포하였다. 이로써 전쟁이 계속되는 동안 우리 국민은 3년이 넘는 기간 동안 계엄 아래서 생활해야 했다. 그런데 비상계엄이 선포된 것은 전쟁이 발발한 지 2주가 지난 7월 8일이 되어서였다. 사흘 만에 서울이 함락되는 위급한 전시상황에서 즉시 비상계엄이 발동되지 않은 것은 쉬 이해되지 않는다. 1949년 11월에 계엄법이 제정되어 전시, 사변 등 군사상의 필요가 있을 때 계엄을 선포할 수 있는 법률장치가 마련되어 있었기 때문이다.

3공화국 이래의 군사정부에서 계엄 조치를 남발했던 것에 견주면 6·25전쟁 기간중 정부가 보여준 계엄에 대한 태도는 대단히 소극적이었다. 우선 즉시 계엄 선포가 이루어지지 않은 것은 상황을 오판했기 때문으로 보인다. 출범 2년에 불과한 신생국의 경험 미숙에서 비롯된 부분도 있을 것이다. 그렇지만 한정된 지역에만 계엄을 선포한다든지 상황이 종료된 지역에는 해제조치를 내린다든지 매우 탄력적인 계엄 운영의 모습을 보인 것은 국민 전체의 기본권을 제약하는 계엄 같은 비상조치는 가능한 한 최소화되어야 한다는 인식 때문이었을 것이다.

한반도를 잿더미로 만든 민족 최대의 비극

북한군이 침공한 6월 25일은 마침 일요일이었다. 북한군이 남침해 옴에 따라 전군에 비상이 발령되었다. 채병덕 육군총참모장은 전선을 시찰한 다음 오후 2시 비상국무회의에 참석해 전황을 설명하였다. 그는 '전면공격은 아닌 것 같다며 국군이 적절하게 작전을 전개중에 있으므로 능히 격퇴할 수 있을 것'이라고 보고하였다. 군수뇌부는 이날 오후가 되어서야 북한군의 침공이 전면전임을 파악하였다.

6월 26일 밤에 개최된 국무회의는 정부의 수원 이동을 결정하였다. 북한군이 의정부를 점령하고 창동까지 진출했다는 소식에 혼비백산한 것이다. 다음날 새벽 국회는 '서울시민과 더불어 수도를 사수한다'는 수도 사수 결의안을 의결했다. 하지만 그 시간에 대통령은 이미 서울을 떠났다. 정부 각료와 의원들도 서둘러 한강을 건

넜다. 서울 사수를 호언하던 육군본부도 27일 오후에 시흥으로 철수하였다. 열차편으로 대구까지 내려간 이승만 대통령은 발길을 돌려 대전으로 돌아왔다.

서울시민은 대통령을 비롯한 정부 요인들이 서울을 탈출한 줄 까맣게 모르고 있었다. 라디오에서는 '적을 격퇴하고 있으니 정부를 믿고 동요하지 말라'는 방송이 흘러나왔다. 28일 새벽 한강 인도교와 한강철교, 광진교가 차례로 폭파되었다. 당시 서울 인구는 150만 명 남짓으로 대부분 한강 북쪽에 거주하고 있었다. 한강을 건너 남쪽으로 피난갈 사람은 나룻배나 부유물을 이용하지 않으면 안되었다.

북한군은 이날 큰 저항 없이 서울에 입성했다. 삼팔선이 뚫린 지 겨우 사흘 만이었다. 서울시청에 인공기를 게양한 북한군은 '서울시 임시인민위원회' 간판을 내걸었다.

한편 전쟁이 일어나자 미국은 자국민의 안전한 철수에 분주했다. 이승만 대통령은 주한 미대사와 미극동군사령관 맥아더에게 도움을 요청했으며, 주미대사 등 외교 라인도 바삐 움직였다. 미국의 적극적인 지원에 힘입어 유엔 안전보장이사회가 개최되고 유엔군 파병이 결정되었다.

유엔군의 파병으로 6·25전쟁은 국제전으로 성격이 바뀌었다. 이해 말 중공군이 참전하면서 국제전의 성격이 더욱 뚜렷해졌다. 유엔군 선발대인 미지상군은 7월 1일 부산에 상륙하였다. 7월 7일에는 유엔 안전보장이사회 결의로 유엔군사령부가 설치되고, 맥아더가 유엔군 총사령관이 되었다.

동생을 업고 피난길에 나선 어린 소녀의 등 뒤로 보이는 탱크. 여성과 어린이에게 전쟁은 더없는 비극이다.

그러나 북한군에 비해 전력이 열세였던 탓에 연합군은 낙동강 전선까지 밀렸다. 이후 9월 15일 인천상륙작전에 성공함으로써 일거에 전세가 역전되었다. 빼앗겼던 지역을 되찾음은 물론 북한 지역으로 북진을 계속해 압록강 지역까지 치고 올라갔다. 이때 또 다른 복병이 등장하였으니 중공군의 참전이다. 중공군의 인해전술에 다시 밀리다가 1951년 봄부터는 삼팔선 부근에서 밀고 밀리는 지리한 싸움이 계속되었다.

양측은 고착된 전선을 바탕으로 소모전을 계속해가며 1951년 중반부터 휴전 협상에 돌입하였다. 미국은 전쟁이 계속될 경우 소련이 참전할지도 모른다는 두려움을 갖고 있었다. 이 같은 의론이 제기됨에 따라 미국은 삼팔선 지역의 전선을 그대로 유지한 채 전쟁을 종결짓고 싶어했다. 인적 물적 손실을 크게 입은 중국의 입장도 다르지 않았다.

남한과 북한은 휴전 제안을 받아들이려 하지 않았으나 흐름을 막을 수는 없었다. 결국 2년여에 걸친 협상 끝에 1953년 7월 27일 휴전협정이 조인되었다. 이날 밤 총성이 멎으면서 3년에 걸친 동족상잔의 비극은 일단 막을 내렸다. 하지만 70년이 더 지난 현재도 한반도는 여전히 휴전 상태이며, 그것은 곧 준전시상태라는 말에 다름 아니다.

경비계엄과 비상계엄, 지역계엄과 전국계엄을 넘나들다

미군의 참전으로 한숨을 돌린 정부는 7월 8일 비상계엄을 선포했다. 대전에 머물다 목포를 거쳐 부산으로 간 이승만 대통령은 7월 9일 미군과 함께 다시 대전으로 이동했다. 이때 내린 비상계엄은 전국계엄이 아니었다. 호남지방이 계엄 지역에서 제외되었기 때문이다.

미군이 전선에 투입되었음에도 전황은 점점 불리해졌다. 처음으로 전투에 나선 미 보병24사단은 오산전투에서 무참히 패배한 뒤 계속 밀리며 대전전투에서 궤멸되다시피 했다. 심지어 사단장인 윌리엄 딘 소장이 북한군에 생포당하는 치욕을 맛보았다. 북한군에게 대전을 내준 7월 21일 정부는 호남지방을 포함한 전국으로 계엄을 확대 선포하였다.

계엄사령관은 정일권 총사령관이 임명되었다. 정일권은 전쟁 초기 부실대응의 책임을 물어 경질된 채병덕의 후임으로 육군총참모장의 자리를 이어받은데다 전쟁 지도체제 일원화 방침에 따라 육해공 모두를 지휘하는 총사령관의 자리에 올라 있었다. 다음은 7월 8일에 발령된 계엄 공고문이다.

> 대한민국 대통령은 계엄법 제1조에 의하여 다음과 같이 계엄을 선포한다.
> 대통령 이승만 인
> 단기 4283년 7월 8일
> 1. 이유: 북한 괴뢰집단의 전면적 불법 무력 침구侵寇에 즈음하여 군사상의 필요와 공공의 안녕질서를 유지하기 위함
> 2. 종류: 비상계엄
> 3. 지역: 전라남도, 전라북도를 제외한 남한 전역
> 4. 계엄사령관: 육군총참모장 육군소장 정일권

1949년에 제정된 계엄법 제1조는 '대통령은 전시, 사변 또는 이에 준하는 국가비상사태를 맞아 병력으로 군사상이나 공공의 안녕질서를 유지할 필요가 있을 때는 계엄을 선포'할 수 있다고 규정하고 있다. 그리고 계엄을 발령할 때는 그 선포의 이유, 종류, 시행지역, 계엄사령관을 공고하도록 하였다.

위의 공고문은 이를 충실히 따르고 있다. 계엄은 비상계엄과 경비계엄으로 나뉘는데, 비상계엄은 '전쟁 또는 전쟁에 준하는 사변으로 사회질서가 극도로 교란된 지역'에, 경비계엄은 '전시, 사변 또는 이에 준하는 비상사태로 질서가 교란된 지역'에 선포하게 되어 있

다. 따라서 북한의 공격으로 극도의 위험에 처한 상황에서 비상계엄이 발령되었던 것이며, 그후 전황에 따라 경비계엄과 비상계엄, 지역계엄과 전국계엄을 넘나들었다.

한편 같은 7월 8일 정일권 계엄사령관은 비상계엄령 포고 제1호를 공포하였다. 이후의 계엄포고령과는 형식을 달리하는 담화문 형태의 글이 꽤 길어 구체적 지침을 적시한 후반부만 수록한다.

> 비상계엄 선포의 목적은 당면한 비상사태의 수습에 있어서 군사상의 필요에 즉응卽應하고 공공의 안녕질서를 유지함에 있으므로, 실시에 있어서는 계엄법의 정한 바에 따라 작전상 필요한 한도 내에 엄정하게 이를 운용할 것이니, 국민 제위는 군을 신뢰하여 안도하는 동시에 이에 대응하여 필승불패의 신념을 정지하고 유언비어에 동요함이 없이 그 사명을 완수하여 행정 및 사법기관은 군에 귀일歸一 협력하여 주기를 바라는 동시, 병마공총兵馬倥傯(전쟁으로 몹시 분주함)의 간격을 틈타 만약 생활필수물자의 은닉, 매점매석 등으로 국민경제의 건전한 운용을 곤란하게 하거나, 직장을 무단 포기하거나, 또는 유언비어를 유포하고 모략을 자행하여 민심을 동요케 하는 등등 작전을 저해하고 질서를 문란케 한 행위에 대하여는 법에 비추어 엄중히 처단할 것으로 각별 계심戒心하여 만유감萬遺憾 없기를 바라는 바이다.

계엄 선포에 따라 육군본부에 즉시 계엄사령부가 설치되었다. 그리고 계엄 업무를 관장하기 위해 사령부 예하부서인 민사부가 새

1954년 3월 계엄사령관 정일권 명의로 계엄지구에 살포된 전단.

로 창설되었다. 헌병, CIC, HID 부대는 계엄사에 배속되고 각 사단 등에도 민사과가 들어섰다.

계엄은 군정, 곧 국가의 모든 통치행위가 군에 의해 행해지는 체계이다. '계엄사령관은 계엄지역 내의 모든 행정사무와 사법사무를 관장한다'는 계엄법 조항은 이를 가리킨다. 군사상 필요할 때는 영장 없이 체포, 구금, 수색할 수 있고, 거주, 이전, 언론, 출판, 집회 등의 자유가 제한된다. 필요시 사람과 물자를 징발할 수 있고, 부득이한 경우에는 국민의 재산을 파괴할 수도 있다. 죄를 범한 자는 군법회의에 넘겨진다.

계엄이 선포되고 한동안은 북한군의 남진을 막아내느라 계엄업무의 원활한 수행이 어려웠다. 후퇴를 거듭하는 속에서 부대를 어떻게 배치해 싸울 것인지 하는 군사작전이 더 시급했기 때문이다. 따라서 사전준비도 역량도 부족했던 군은 정상적으로 계엄업무를 수행하지 못했다. 비상계엄에 의해 행정권한의 상당부분이 계엄사령관에게 이관되었음에도 행정조직의 형식적 편성과 운영은 이전과 변함없이 그대로 유지되었다.

한편 6·25전쟁 기간에 발령된 계엄 가운데 특기할 만한 것이 하나 있다. 그것은 전쟁이 개시된 첫날 오전 10시 강릉에 사령부를 둔 국군 제8사단이 강원도 내의 작전지역에 선포한 계엄령이다. 8사단은 육군본부로부터 '적의 전면 남침이 개시되었으니 사단장의 재량권에 따라 최선을 다하라'는 통보를 받았다. 그후 통신이 두절되자 사단장은 전쟁의 장기화를 예상하고 작전지역 내에 계엄령을 선포하였다. 동시에 계엄업무를 담당할 민사부장을 임명하고 군경 가족과 공공기관을 후방으로 피난시킬 계획을 수립하였다. 이는 계엄법 6조에 따른 조치였다. '교통, 통신의 두절로 대통령의 계엄 선포를 기다릴 여유가 없을 때는 당해 지방을 관할하는 군사 책임자가 임시로 계엄을 선포할 수' 있었다. 다만 이 경우 지체없이 국방부장관에게 상신해 대통령의 추인을 받아야 했다.

인천상륙작전의 성공으로 연합군은 9월 28일 서울을 수복하고 38도선 이북으로 진격하기 시작했다. 이에 발맞추어 정부는 북한 지역까지 비상계엄을 확대하였다. 이에 앞선 7월 중순 이승만 대통령은 국회의 동의 없이 미국과 주한미군의 치외법권적 지위를 인정하는 외교협정을 체결했으며, 더불어 한국군의 전시 작전지휘권을 맥아더 유엔군 총사령관에게 넘겨주었다. 비상계엄이 발령되었음에도 한국군의 지휘권이 우리에게 없었다는 이야기다.

부산에서 서울로 정부를 옮김에 따라 11월에는 제주도와 경상남북도의 계엄이 해제되고 그 외 지역은 경비계엄으로 대체되었다. 그러나 중공군이 참전하면서 한 달 뒤 다시 남한 전 지역에 비상계엄이 선포되었다. 다음해 초에 일부 지역의 계엄을 해제한 것을 시작으로 1952년 7월에는 비상계엄이 실질적으로 모두 해제되었다. 1952년 중엽 부산정치파동이라는 정치적 이유로 부산을 포함한 경상도와 전라도 일부 지역에 비상계엄이 발령된 일이 있다. 그 후로는 1954년 4월까지 휴전선 부근의 접경지역 그리고 빨치산을 토벌하기 위해 남한 산악지역 일부에 계엄이 유지되었을 뿐이다.

전쟁과 계엄은 누구라도 희생양을 만들고 만다

6·25와 같은 전쟁이 일어나면 국가는 위기를 극복하기 위해 비상조치를 발동하기 마련이다. 계엄은 이러한 비상조치의 하나이다. 전쟁이나 계엄 같은 상황에서는 자의적인 법 적용에 의한 권력남용과 인권유린을 피하기 어렵다. 더욱이 전쟁 이전부터 좌우 이념 대결이 격렬하고 그로 인한 생채기가 적지 않았기에 6·25와 같은 전쟁이 발발하면 누구라도 법 테두리 밖에서 쉽사리 희생양이 될 수 있다.

전쟁이 시작된 1950년 6월 25일 정부가 내린 첫 법률적 조치는 대통령 긴급명령 제1호였다. 그 핵심은 요시찰인을 전원 구속하고 형무소의 경비를 강화하는 것이었다. 이어서 불순분자를 검거 구속하라는 지시가 전국 경찰에 하달되었다. 요시찰인으로 지목된 사람들은 경찰에 불시 연행되었다.

예비검속자의 대부분은 보도연맹원이었다. 국민보도연맹은 전향한 국가보안법 위반자를 선도한다는 명분으로 조직된 단체였다.

대전형무소 재소자 집단학살은 6·25전쟁 최대의 비극이었다. 트럭에서 '논산읍'(충청남도) 표시를 확인할 수 있다.

보도연맹원으로 추정되는 재소자들이 대구 인근에서 구덩이에 갇힌 채 학살되는 장면을 찍은 미군 사진.

정부는 좌익이었던 보도연맹원들이 북한군에 동조할 가능성이 있다고 보고 이들을 일제히 잡아들였다. 그런데 이들 가운데는 좌익에 발을 담근 적이 없는 사람들도 꽤 있었다.

계엄사령부는 계엄령 선포 4일 후인 7월 12일 '체포, 구금 특별조치령'을 발령하였다. 계엄 시행지역에서 법원의 영장 없이 '예비구금'을 시행한다는 내용이었다. 요시찰인과 불순분자에 대한 예비검속은 전쟁 개전과 동시에 시작되었다. 하지만 계엄령이 선포되었기 때문에 그 처리권한은 계엄군의 손으로 넘어갔다고 할 수 있다. 그렇다 하더라도 자료가 미비해서 군과 경찰이 어떤 명령체계를 통해 사건을 처리하였는지 자세히 알기는 어렵다.

6월 하순부터 이미 검속자 학살이 시작되었다. 학살은 전국 도처에서 조직적으로 진행되었다. 7월에서 8월 말에 걸쳐 신속하게 학살이 이루어진 것을 봐도 분명하다. 희생자가 최소 6만 명에서 많게는 20만 명에 이른다니 얼마나 큰 비극이었는지 능히 짐작된다. 비록 전시 상황이었다 할지라도 적법한 절차 없이 민간인을 집단 살해한 것은 헌법이 보장하는 기본권을 침해한 것으로 두고두고 논란이 되었다.

전쟁 초기 또 다른 집단학살의 사례는 형무소 재소자들이었다. 당시 형무소에는 좌익인사들이 많이 수감되어 있었다. 갑자기 북한군이 쳐들어오자 형무소 재소자를 후방으로 이송하는 계획을 세우기 어려웠다. 인천형무소에서 탈옥사건이 일어나기도 했다. 국군의 후퇴와 동시에 전국 형무소에서 재소자 집단학살이 자행되었다. 좌익인사와 정치범이 주요 학살 대상이었지만 형사범 등 일반 재소자들이 희생된 경우도 적지 않았다. 가장 대표적인 사례는 대전형무소와 대구형무소가 꼽힌다. 대전 골령골은 '세상에서 가장 긴 무덤'이라는 별칭으로 불린다. 대전형무소에 수감중이던 재소자 4천여 명이 이곳 골짜기에 함께 묻혀 있어서다. 대구형무소에 수감중이던 재소자들은 달성 가창골과 경산 코발트광산에서 죽임을 당했다. 희생자의 수는 1,400명에서 2,500여 명에 이른다. 이 같은 집단학살의 참극은 전국의 거의 모든 형무소에서 벌어졌다.

6·25전쟁 전시동원체제를 뒷받침하기 위한 계엄

정부의 다음 조치는 북한 인민군 치하에서 부역한 부역 혐의자에 대한 조치였다. 7월 26일 계엄지역 내에서 군사재판을 신속하게 진행하기 위한 특별조치령이 선포되었다. 예심조사를 생략하고 판검사가 변호인의 역할을 맡을 수 있어 장교 두 사람과 판검사 한 명으로 군사재판이 가능했다. 9·28 수복 후에는 부역자 처벌을 위해 군·검·경 합동수사본부가 설치되었다.

자수한 사람과 검거된 사람을 포함한 부역자의 총수는 55만 명이나 되었다. 이렇게 많은 사람을 처리하다 보니 수사기관의 자의적 조치가 남발되었다. 실체적 진실에 부합하는 판결이 애당초 어려웠다. 자연히 무고한 인사들이 많이 처벌되었다. 사회학자로서 진실화해위원회의 진상조사에 참여했던 김동춘은 보도연맹원을 제외한 전쟁 초기의 민간인 희생자가 10만에서 20만 명에 이를 것으로 추정했다.

가장 대표적인 민간인 학살사건은 거창 사건이다. 1951년 2월부터 국군이 산청, 함양, 거창 일대를 돌며 민간인 719명을 살해했

1951년 군경에 붙잡힌 여성 빨치산 용의자들. 나이든 여성이 많이 눈에 띈다.

다. 그 가운데 절반은 14세 이하의 어린이였다. 지리산 일대의 빨치산을 토벌한다며 애꿎은 민간인을 학살한 것이다. 함평 사건도 이와 아주 유사하다. 1950년 말부터 다음해 초에 걸친 함평 일대의 빨치산 토벌 과정에서 524명의 무고한 민간인이 희생되었다.

고양에서는 국군이 다시 들어오면서 부역자를 색출하는 작업이 시작되었다. 연행된 부역 혐의자들은 고봉산 아래 금정굴로 끌려가 집단학살되었다. 1995년의 현장조사에서 153구의 유해가 발굴되었다. 강화 갑곶 나루터에서도 1·4후퇴 무렵 3백여 명의 부역 혐의자가 처형되었다. 부역자 처벌은 군이나 경찰만이 아니라 치안대, 태극단 같은 우익단체에 의해서도 자행되었다.

거창 양민학살사건은 당시 국회 조사위원회가 구성되면서 사건의 실체가 드러났다. 학살 책임자의 일부가 처벌받기는 했으나 아직도 대부분 베일에 싸여 있다. 국회는 엄혹한 전시계엄 하에서도 부역행위특별처리법과 사형금지법을 제정하는 등 국민의 기본권 침해를 방지하기 위한 노력을 기울였다.

전쟁은 기본적으로 야만적이다. 게다가 법 테두리를 넘나드는 선상에서 한번 집단학살이 벌어지면 보복 행위가 반복해서 일어나기 마련이다. 전쟁이 지속되는 내내 사적인 보복을 포함한 보복 학살이 전국에서 발생했다. 인민군이 들어온 지역에서는 마찬가지로 우익인사에 대한 학살이 일어났다. 또 다른 대규모 학살은 북한군의 퇴각과 함께 벌어졌다. 김동춘은 북한군과 좌익에 의한 희생자가 5만에서 7만 명에 이를 것으로 추산했다. 미군에 의한 영동 노근리 주민 학살에서 보듯이 작전에 방해가 된다면 민간인은 제거해야 할 대상이 되고 만다.

6·25전쟁 기간은 전시동원체제라고 할 수 있다. 계엄 역시 이를 뒷받침하기 위한 제도일 뿐이다. 성인 남성은 우선 징집의 대상이 되어 총을 들어야 했다. 다양한 방법의 징집이 이루어져 개전초 9만여 명에 불과하던 육군 병력은 휴전 무렵 55만 명으로 증강되었다. 14세 이상의 남자에게 향토방위 의무를 부과하는 법령도 대통령 긴급명령으로 발동되었다. 계엄사령부 민사부는 전쟁 수행에 필요한 차량, 선박 같은 운송장비를 가두에서 징발하고, 민수공장을 군수공장으로 전환해 필요한 물자를 조달하였다. 1955년까지 징발된 토지는 약 2억 4천만 평에 이른다. 전쟁중 필요한 노무인력을 강제동원하기 위한 조치도 신속히 시행되었다. 국토의 거의 전 지역이 전쟁

터가 되고 전시계엄이 발효된 속에서 국민은 숨도 크게 쉬기 어려운 엄혹한 통제의 삶을 살아야 했다.

이승만의 친위쿠데타, 부산정치파동

9·28 수복후 서울로 환도한 정부는 중공군의 참전으로 다시 부산으로 내려갔다. 이후 1953년 휴전협정이 체결될 때까지 줄곧 부산은 임시수도였다.

경비계엄으로 단계를 낮추었던 계엄도 중공군이 전쟁에 개입하면서 다시 비상계엄으로 강화되었다. 하지만 1951년 초부터 단계적으로 계엄이 해제되기 시작해 1952년 4월에는 전장에 가까운 서울, 경기, 강원 일부를 빼고는 모두 해제되었다. 이때 계엄을 해제한 것은 지방선거를 위한 분위기 조성 차원이었다. 4월 25일 최초의 지방선거인 시·읍·면 의원 선거가, 5월 10일에는 도의원 선거가 실시되었다. 그런데 도의원 선거가 끝난 지 보름 후에 돌연 임시수도 부산과 전라남북도, 경상남도 일부지역에 다시 비상계엄이 발령되었다.

계엄령이 발령된 계기는 이승만 대통령의 정치적 욕심 때문이었다. 1950년 5월에 실시된 제2대 국회의원선거에서 무소속 의원이 대거 당선되어 이승만은 당시의 국회 간선제 체제에서는 다시 대통령에 당선되기 어려웠다. 전쟁 대처 미비 및 연이은 실정으로 국회의원들은 이승만정부를 불신하고 있었다.

위기를 느낀 이승만은 대통령 직선제를 통해 국면을 돌파하려 하였다. 야당의 강력한 반발은 자명한 일이었다. 대통령 직선제 개헌안을 부결시킨 의원들은 오히려 내각책임제 개헌안을 꺼내 들었다. 이승만은 국회 해산을 위협하며 급기야 계엄령 카드를 발동하였다.

계엄을 이용한 이승만의 친위쿠데타였다. 이승만은 계엄을 통해 권력독점을 강화할 수 있었지만 대한민국의 헌정질서는 나락으로 떨어졌다. 부산정치파동이라고 불리는 이 사건은 우리나라에서 계엄령이 정치적 목적으로 악용되는 시발점이 되었다.

정권 연장을 위한 음모

1948년 제정된 대한민국 헌법은 대통령을 국회에서 간선제로 뽑도록 정했다. 친일파 정당인 한민당의 도움으로 대통령에 당선된 이승만은 한민당 세력을 내각 구성에서 배제해 출범 초부터 정국이 불안정했다. 설상가상으로 6·25전쟁 직전에 실시된 제2대 국회의원 선거에서 무소속 의원이 절대다수를 차지하게 되어 재선을 노리던 이승만의 당선 가능성은 매우 희박해졌다.

전쟁은 정부의 무능을 적나라하게 보여주었다. 이승만의 능력에 회의적이었던 국회는 정파와 무관하게 내각책임제를 선호하였다. 이승만은 자신의 권력 기반을 강화하기 위한 수단으로 새로운 정당 자유당을 창당하였다. 그러나 이승만을 지지하는 자유당은 노선을 달리하는 원내와 원외 두 개의 당으로 쪼개졌다. 원내자유당은 내각책임제 개헌을 지지하고 원외자유당은 직선제 개헌을 표방하였다.

이런 속에서 1952년 1월 정부가 제출한 직선제 개헌안이 국회 표결에 부쳐졌다. 놀랍게도 찬성 19표, 반대 143표라는 압도적인 표차이로 부결되었다. 이승만은 '대통령을 직선으로 뽑아야 한다'는 국민의 뜻을 저버렸다며 국회를 비난했다. 한계를 절감한 이승만은 관제 데모를 동원하는 정치폭력을 휘두르기 시작하였다. 또한 그동안 유보했던 지방의회 선거를 밀어붙였다. 지방의회를 통해 국회를 견제하기 위해서였다. 국회는 이에 맞서 의원 122명의 연서로 내각책임제 개헌안을 제출하였다.

이승만은 폭력배들을 앞세워 국회의원 소환운동을 전개하는 한편 장택상을 국무총리 자리에 앉혔다. 수도경찰청장 등을 지내며 정치공작에 수완을 보였던 장택상은 국회의원 포섭에 나섰다. 내각책임제 개헌은 추진동력을 잃고 말았다. 야당은 개헌안 추진을 미루고 간선제 대통령선거에 야당 단일후보를 내 대통령을 교체하기로 하였다. 정부와 국회가 전면 대립하는 가운데 진행된 지방의회 선거에서 자유당은 압승을 거두었다. 당선된 지방의회 의원들은 국민의 의사에 반하는 국회를 해산하라고 목소리를 높였다.

이때 돌연 내각책임제 개헌 추진에 앞장섰던 서민호 의원이 현역 대위를 피격해 사망케 한 사건이 발생하였다. 검찰은 말다툼 끝에 살인한 것이라며 기소했으나 국회는 생명의 위협을 느낀 서민호의 정당방위라고 판단하였다. 국회에서 석방 결의안이 가결되어 서민호가 풀려나자 부산시내는 백골단, 땃벌떼 등 정체불명 단체들의 데모로 들끓었다. 서민호 사건으로 정부는 절호의 기회를 맞았다. 서민호가 국회 내무위원장으로 내각책임제 개헌파의 중심인물이었기 때문이다. 서민호는 국군 거창양민학살사건의 국회조사단장을 맡고 있어 군에도 눈엣가시였다.

'총풍' 조작사건을 빌미로 계엄을 발령하다

강압적 방식을 사용하기로 결심한 이승만은 이범석 전 총리를 내무부장관에 임명했다. 이범석은 우파 민족주의 단체인 조선민족청년단(족청)을 이끌던 강경파였다. 치안국장에는 친일경찰 출신의 윤우경이 취임하였다. 그리고 5월 25일 0시를 기해 부산을 포함한 경상도와 전라도 일부 지역에 비상계엄을 선포하였다. 부산정치파동의 시작이다. 국무원 공고 제37호로 발령된 계엄의 내용은 다음과 같다.

> 국무회의 의결을 거쳐 다음과 같이 계엄을 선포한다.
> 대통령 이승만 인
> 단기 4285년 5월 24일
> 1, 이유: 후방지역 내에 반거蟠居하는 공비를 완전 소탕하고 반국가적 공산세력의 침투를 완전 봉쇄하여 급속한 후방치안을 확보하기 위한 군사상의 필요에 의함
> 2. 종류: 비상계엄
> 3. 시행: 단기 4285년 5월 25일 오전 0시
> 4. 지역과 계엄사령관
>   전라북도 중 진안군, 장수군, 임실군, 남원군, 순창군, 정읍

군: 육군중장 이종찬

경상남도 중 부산시, 동래군, 밀양군, 양산군, 울산군, 하동군, 산청군, 함양군, 거창군: 육군중장 원용덕

비상계엄 선포의 빌미가 된 것은 금정산 공비 사건이었다. 부산 금정산 일대에 무장공비가 나타났다는 것이다. 임시수도 부산에 공비가 나타날 정도로 안보가 위험하다는 것이 비상계엄 선포의 이유였다. 하지만 이는 친위쿠데타 발령을 위한 억지 명분에 지나지 않았다. 이승만의 목표는 국회가 자신의 연임을 보장하는 대통령 직선제 개헌안을 통과시키도록 하는 것이었다. 금정산 공비 사건을 조작한 인물은 특무부대장 김창룡이었다. 김창룡은 대구형무소에 복역 중이던 중죄수들을 공비로 위장시켜 금정산에 출몰하게 했다. 이른바 '총풍'銃風의 원조였던 셈이다. 일본군 헌병 출신으로 해방된 조국에서 갖은 악행을 저지르며 권세를 누리던 김창룡은 1956년 부하들에게 살해당하는 신세가 되었다. 그가 죽음으로써 그의 죄상이 낱낱

금정산 동쪽 기슭에 위치한 범어사. 1952년 사진으로 군인의 모습이 보인다.

1952년 5월 26일, 계엄 발령 다음날 버스로 등원하던 국회의원들이 헌병대로 연행되고 있다.

이 드러났다.

비상계엄 선포와 함께 영남지구 계엄사령관에는 원용덕 헌병사령관이 임명되었다. 언론검열이 시작되고 내각책임제 개헌을 추진하던 야당의원이 붙들려가기 시작했다. 계엄 발령 다음날은 월요일이었다. 이날 국회 버스로 등원하던 국회의원들은 임시의사당 정문에서 군인들에 포위된 채 헌병대로 끌려갔다. 계엄사령부는 '야당의원들이 일본 조총련에서 유입된 국제공산당의 비밀공작비를 정치자금으로 받아 정부 전복 음모를 꾸민 사실이 밝혀졌다'고 발표했다. 모두 12명의 국회의원이 구속되었다. 유력한 야당 대통령 후보였던 장면 전 국무총리도 또 다른 조작사건으로 체포될 뻔했다.

군이 정치에 개입해서는 안된다

공포 분위기 조성을 위해 정부는 부산시내에 투입된 군병력을 증원하려 했다. 하지만 이종찬 육군참모총장은 군이 정치에 개입해서는 안된다며 병력출동을 거부하였다. 그것은 그가 5월 27일 하달한 훈령 217호로 남아 있다.

"군은 국가민족의 수호를 유일한 사명으로 하고 있으므로 어느 기관이나 개인에 예속된 것이 아닐 뿐만 아니라 변천무쌍한 정사政事에 좌우될 수도 없는 국가와 더불어 영구불멸히 존재하여야 할 신성한 국가의 공기이므로 군인의 본분 역시 이러한 군 본연의 사명에 귀일되어야 할 것이다. 그러므로 군인된 자, 누구를 막론하고 국가방위와 민족의 수호라는 그 본분을 떠나서는 일거수일투족이라도 절대로 허용되지 아니함은 재론할 여지가 없는 것이다."

이종찬은 일본육사를 졸업하고 일본군으로 복무한 사람이다. 그럼에도 그를 따르고 칭송하는 기류가 적지 않은 것은 바로 그가 군의 정치 개입에 반대했기 때문이다. 한편 위의 훈령 217호를 직접 작성한 사람은 당시 육군 작전국 차장으로 있던 박정희였다고 한다. 후일 박정희가 5·16쿠데타의 주범이 된 것을 생각할 때 참으로 역설적인 일이 아닐 수 없다.

국회는 비상계엄의 즉시 해제와 체포된 국회의원의 석방을 요구하는 결의안을 채택하며 이승만에 맞섰다. 이승만은 국회의 의결을 단칼에 거절하였다. 계엄법 제21조는 '국회가 계엄의 해제를 요구할 때에는 대통령은 이를 해제하여야 한다'고 규정하고 있다. 따라서 이승만정부는 국회의 의결대로 확대 선포한 비상계엄을 해제해야 마땅한 일이었다. 국회의 계엄 해제 요구에 따라 정부가 계엄을 해제한 선례도 이미 1951년 봄에 있었다.

국회의 요구를 수용하기는커녕 정부는 한층 더 공포 분위기를 조성하였다. 이승만 대통령은 "현 위기의 책임은 공산주의자의 음모공작, 게릴라 활동 및 '반항적'인 국회의원들에게 있다"는 성명을 발표하며 국회 해산을 압박했다. 지방의회 의원들이 국회 해산 총궐기대회를 개최하는가 하면 데모대가 날마다 부산시내를 누비고 다녔다.

자칫 국회가 강제 해산될지 모를 일촉즉발의 위기였다. '민주주의' 수호를 명분으로 유엔군을 한국전쟁에 끌어들인 미국은 난감한 상황이 되었다. 미국은 유엔을 앞세워 계엄령 해제와 구속의원의 석방을 요구하는 성명서를 이승만정부에 들이밀었다. 트루먼 미국 대통령의 서한도 전달되었다. 하지만 미국은 이승만을 내칠 수 없었다. 결국 미국은 이승만의 집권연장을 받아들이되 헌정질서를 무너뜨리지 않는 방식으로 해결하기로 했다.

한치 앞도 내다보기 어려운 정국에서 국제구락부사건이라는 백색 테러가 발생했다. 재야원로들이 모여 호헌구국선언문을 발표하는 부산 남포동의 국제구락부에 어용 테러집단이 난입해 유혈소동이 벌어진 것이다. 정부는 이 사건을 야당 내의 세력다툼으로 몰아 오히려 피해자들을 연행하였다.

야당 탄압을 계속해나가면서 이승만은 새로운 대안을 찾기 시작했다. 그 돌파구는 이른바 발췌개헌이었다. 이승만의 승인을 얻은 국무총리 장택상은 대통령 직선제에 내각책임제 요소를 가미한 발췌개헌안을 마련하였다. 야당이 타협에 응할 뜻이 없음을 밝히자 이승만은 의원을 추가로 체포하겠다고 위협하였다.

국제구락부에 마련된 호헌구국선언 행사장에서 피를 흘리며 연행되는 심산 김창숙.

　이러한 상황에서 대통령 저격미수라는 다시금 코미디 같은 사건이 일어났다. 부산 충무로광장에서 거행된 6·25 두 돌 기념식에서 의열단원 출신의 유시태가 권총으로 이승만을 저격하려다 체포된 것이다. 경찰은 배후인물로 무소속 김시현 의원을 지목하고 민국당원 서상일 등을 공범으로 구속하였다. 민국당 등에선 야당을 탄압하기 위한 조작 사건이라고 주장했지만, 야당 배후설을 퍼뜨리며 압박의 강도를 세게 조여오자 야당은 더 이상 버티기 어려웠다.

7월 1일 임시국회가 소집되었다. 정족수에 미달할 가능성이 제기되자 정부는 피신중인 국회의원들의 신분을 보장하며 등원을 재촉하고 구속중이던 의원들도 석방하였다. 미국도 발빠르게 움직였다. 주한 미국대사는 신익희 국회의장을 만나 발췌개헌안이 통과될 수 있도록 협조를 부탁했다. 한편으론 유엔군에 의한 군정이 실시될 수 있다는 소문을 흘렸다. 야당은 저항을 포기할 수밖에 없었다. 개헌안이 심의되는 동안 의원들의 의사당 출입이 금지된 가운데 군과 경찰은 국회를 포위하였다. 이처럼 심한 압박 속에서 7월 4일 밤 기립표결에 들어갔다. 발췌개헌안은 출석 의원 166명 가운데 163명의 찬성으로 가결되었다. 나머지 3명은 기권이었다. 국회를 통과한 개정헌법은 7월 7일 공포되었다.

7월 4일 밤 군경의 포위 속에서 발췌개헌안을 가결하고 있는 국회.

계엄의 공포 분위기 속에서 강행된 개헌

우리나라 역사상 첫 번째 헌법 개정이 이처럼 비민주적인 절차에 의해 이루어진 것은 참으로 안타까운 일이다. 발췌개헌안이라고 불리는 이유는 정부에서 상정한 대통령 직선제와 국회가 제출한 내각책임제 개헌안 가운데 양쪽이 고집을 꺾지 않은 요소를 발췌해 구성했기 때문이다. 이승만이 요구한 대통령과 부통령의 선출은 국민직선제로 개정되었다. 국무총리를 임명할 때 국회의 승인을 받도록 한 점과 민의원이 국무위원 불신임 결의를 하면 사직하도록 한 점은 대표적인 의원내각제 요소라고 할 수 있다.

하지만 이런 기형적인 정치체제를 통한 권력분립은 아무런 의미가 없다는 것이 곧 증명되었다. 권력지향적인 강력한 대통령 아래서 국회에 부여된 권한은 소소한 것에 지나지 않았을뿐더러, 정치적 명분을 넘어 실제 구현되기는 현실적으로 매우 어려웠다. 더욱이 이승만 대통령이 창당한 자유당이 국회 의석의 과반수를 넘기게 되자, 국회의 견제라는 개념은 거의 아무런 의미도 없게 되었다.

발췌개헌은 절차적으로도 위헌 덩어리였다. 헌법 개정을 위해서는 30일 이상 공고해야 하는데 이를 위반하였으며, 같은 회기 중에 동일한 내용의 개헌안을 제출함으로써 일사부재의一事不再議의 원칙을 어겼다. 또한 국회의원들의 자유로운 의사가 억압된 가운데 강압적인 투표가 이루어져 투표의 자유를 침해하였다. 보다 근본적으로는 계엄이라는 공포 분위기 속에서 개헌이 이루어졌다. 무장공비를 소탕한다는 이유로 발령된 비상계엄의 목적이 실은 개헌 때문이었던 것이다.

개헌에 따라 부랴부랴 정·부통령선거법이 새로 제정되었다. 선거운동 기간은 겨우 8일에 지나지 않았다. 8월 5일 치른 선거에서 이승만은 대통령으로 다시 당선되었다. 촉박한 시일로 인해 다른 후보들은 이름 알리기도 쉽지 않았다. 우리 헌정사 첫 번째 정권교체의 기회는 이처럼 폭력적인 방식으로 점철되면서 마치 이후의 파행적인 정치사를 예고하는 듯했다.

이승만의 대통령 당선이 확실했기에 세인의 관심은 오히려 누가 부통령이 될지에 쏠렸다. 이승만과 같은 자유당의 부통령 후보는 이범석이었다. 놀랍게도 부통령에는 무소속의 함태영이 당선되었다. 이범석은 자유당 내 최대세력인 족청계의 대표로 총리 장택상과 함께 부산정치파동의 일등공신이었다. 하지만 이범석의 세력이 더욱 비대해질 것을 두려워한 이승만은 행정력과 경찰력을 동원해 함태영의 선거운동을 도왔다. 이범석은 반발했지만 1년 뒤에 그를 따르던 족청계 의원이 모두 당에서 제명되면서 정치적 힘을 완전히 잃고 만다. 이승만을 도와 이범석 거세에 앞장섰던 장택상도 그뒤 족청계의 반격을 받아 실각하였다. 쓰고 버려지는 게 정치의 생리인가, 아니면 자업자득의 업보인가? 이승만을 도와 부산정치파동 정치공작에 앞장섰던 사람들의 뒷모습을 보며 쓸쓸한 마음을 지울 수 없다.

이승만의 정치적 욕심을 채우기 위해 부산과 경상도, 전라도 지역에 발령되었던 비상계엄은 발췌개헌안이 국회를 통과하고 개정헌법이 공포된 뒤인 7월 28일 모두 해제되었다.

계엄에 정면으로 맞선
민주시민혁명

'불의에 항거한 4·19민주이념을 계승'한다. 우리 헌법 전문에 들어 있는 이 문구는 4·19혁명이 대한민국의 역사에서 얼마나 중요한 자리를 차지하고 있는지를 웅변한다. 3·1운동이 대한민국의 뿌리라면 4·19는 한국 민주주의의 원형이라고 할 수 있다.

피로 지켜낸 이 자랑스러운 민주시민혁명이 6·25전쟁의 종전과 함께 해제되었다가 6년 만에 다시 발령된 계엄과 정면으로 맞서 쟁취한 것임을 아는 사람은 별로 많지 않다. 1960년 4월 19일부터 7월 16일까지 경비계엄과 비상계엄을 넘나들며 8차례 계엄이 선포되었다. 영구집권을 꿈꾼 이승만 대통령이 하야하고서도 계엄은 3달 가까이 지속되었다. 14건의 담화문과 19건의 포고문이 공포되는 등 발표된 계엄 문서만도 44건에 이른다.

해방과 함께 새출발한 대한민국정부의 첫 대통령이 헌법을 유린하며 제왕적 대통령으로 군림한 것은 우리 헌정사의 비극이다. 이승만은 온갖 권모술수를 부려가며 12년간이나 집권하였음에도 거기에 만족하지 못했다. 결국 사상 최악의 3·15부정선거로 인해 권좌에서 밀려나는 신세가 되었다. 안타깝게도 경찰의 유혈진압으로 많은 희생자가 발생했지만, 그 희생 위에서 대한민국 민주주의는 튼튼한 뿌리를 지닌 나무가 될 수 있었다.

종신 대통령을 꿈꾼 이승만

이승만의 영구집권 시나리오는 이승만 대통령의 종신 출마를 보장하는 사사오입 개헌으로 이어졌다. 이러한 헌정질서 파괴 행위에 국민은 침묵하지 않았다. 1956년의 제3대 대통령선거에서 야당 후보 신익희가 선거운동 기간중 돌연 세상을 뜨는 바람에 이승만이 비록 정권 연장에 성공할 수 있었지만, 부통령에는 민주당의 장면 후보가 당선되었다. 이승만과 자유당은 큰 충격을 받았다. 자유당의 이기붕 후보는 서울에서 겨우 16.3%를 득표했다.

민심의 이반은 계속되어 1958년 총선에서 자유당은 서울 1석을 포함해 인구 5만 이상의 도시에서 단지 13명의 의원을 당선시켰다. 도시 지역 의원의 숫자는 민주당의 3분의 1에도 미치지 못했다. 제1당의 자리를 지키기는 했으나 전방위 부정선거치고는 초라한 성적표였다.

총선을 앞두고 이승만은 자신의 정적으로 부상한 조봉암과 그가 당수로 있는 진보당에 간첩죄를 씌워 이미 정치무대에서 몰아낸 터였다. 대통령선거에서 이승만과 두 번이나 맞붙어 선전한 조봉암은 끝내 형장의 이슬로 사라졌다. 멀어져가는 민심을 붙잡기 위한 노력은 뒤로 한 채 이승만 정권은 자신의 권력을 지탱해줄 제도개혁에 매달렸다. 1958년 12월의 '2·4파동'은 정부에 비판적인 언론에 재갈을 물리고 야당을 질식시키기 위한 국가보안법 개정안과 지방자치단체장을 정부가 임명하는 내용의 지방자치법 개정안으로 요약된다. 이승만 정권은 야당 의원들을 본회의장에서 강제로 끌어낸 뒤 날치기로 이들 법안을 통과시켰다. 1960년에 실시되는 정부통령선거를 1년여 앞둔 시점이었다.

1959년 3월 이승만은 내무부장관에 최인규를 임명하고, 개정된 지방자치법에 따라 주요 도지사를 새로 임명하는 등, 내무부와 각 도 경찰을 앞세워 선거 대책에 만전을 기했다. 자유당의 대통령 후보는 이승만, 부통령 후보는 이기붕이었다. 그런데 선거를 한 달 앞두고 민주당 대통령 후보 조병옥이 지병으로 사망하였다. 강력한 도전자가 사라진 이승만의 재선은 확고부동했다. 자연히 대통령선거보다 대통령직 승계권을 갖는 부통령에 누가 당선되는지가 더 중요한 이슈로 등장하였다. 민주당 부통령 후보는 현직 총리인 장면이었다.

이기붕과 장면 사이에 치열한 선거전이 전개되는 가운데 이승만 정권은 온갖 종류의 선거 부정행위를 동원했다. 정치깡패들이 야당의 선거 유세장에 나타나 테러를 자행하는가 하면, 야당 선거 운동원들이 연일 경찰에 붙들려 들어갔다. 조장 인솔 하에 한 기표소에 3명이 함께 들어가는 공개 투표, 야당 지지자에 대한 번호표 미교부, 대리 투표, 무더기 사전 투표 등이 횡행했다. 그 결과 90% 가까운 압도적 득표율로 이승만은 대통령에, 이기붕도 79%의 득표율로 부통령에 당선되었다.

'피의 화요일' 4월 19일

선거 당일 마산과 광주에서 곧바로 부정선거 규탄 시위가 벌어졌다. 이어서 부산과 진해, 서울에서도 시위가 일어났다. 가장 격렬했던 곳은 마산이었다. 경찰은 최루탄은 물론 실탄까지 발사해 여러 명이 목숨을 잃고 수십 명이 다쳤다. 부정선거 반대투쟁은 2월 28일의 대구를 시작으로 이미 전국에서 파상적으로 전개되고 있었다. 4·19혁명 전에 지방도시를 중심으로 벌어진 시위의 주역은 고등학생들이었다.

비등하던 여론이 잠시 소강 국면에 접어든 4월 11일, 선거 당일 실종된 고등학생 김주열의 시신이 마산 앞바다에서 발견되었다. 김주열의 오른쪽 눈에는 최루탄 파편이 박혀 있었다. 격분한 시민과 학생들이 거리로 쏟아져 나와 파출소를 점령하는 등 연사흘에 걸쳐 강력한 투쟁을 전개하며 '이승만 하야'를 외쳤다. 경찰의 발포로 다시 시민 1명이 사망하였다. 상황이 악화일로를 걷는데도 이승만은 태연히 '젊은 청년들'이 '공산주의자들의 조종'을 받아 '폭동'을 일으킨 양 용공 조작을 시도했다.

김주열의 시신 발견을 계기로 학생시위는 또다시 전국으로 확산되었다. 그 불길은 전북대 학생시위를 시작으로 대학가로 옮겨붙었다. 4월 18일 시가지 시위를 마치고 학교로 돌아가던 고려대 학생들은 반공청년단 폭력배의 습격을 받아 50여 명의 학생이 부상을 입었다. 이 소식이 다른 대학에 알려지면서 다음날 분노한 학생과 시민의 일제 궐기가 시작되었다.

4월 19일은 '피의 화요일'이라고 불린다. 이날 서울에서만 백 명

1960년 4월 11일 마산 앞바다에서 발견된 마산상고 김주열 학생의 시신.

이 넘게 죽고, 천여 명의 부상자가 발생하였기 때문이다. 서울 시내 대학과 고등학생 시위대는 세종로 국회의사당(현 서울시의회)에 모인 뒤 중앙청을 지나 경무대(청와대)로 향했다. 시위대가 바리케이드를 돌파하자 경찰의 무차별 발포가 시작되었다. 중앙청, 서대문 등지에서도 장갑차를 앞세운 경찰의 발포가 이어졌다. 흥분한 시위대는 '대통령 하야'를 외치며 경찰서, 자유당 본부 등을 습격하였다. 지방에서도 시위가 일어나 부산과 광주에서 열 명이 넘는 사망자가 발생하였다. 부산과 광주 시위는 고등학생들이 선도하고 시민이 합세한 가운데 전개되었다.

허겁지겁 발포한 계엄령

걷잡을 수 없는 상황이 벌어지자 정부는 곧바로 계엄 카드를 꺼내 들었다. 이승만 대통령의 이름으로 오후 2시 30분 서울 지역에 경비계엄령을 선포한 것이다. 내무부장관 홍진기의 건의를 받아 선포하는 형식이었는데, 계엄령 발동 시각은 오후 1시로 소급되었다. 계엄 선포 전에 발생한 사망자 문제가 껄끄러웠기 때문이다. 계엄사령관에는 송요찬 육군참모총장이 임명되었다. 계엄 선포 내용을 담은 국무원 공고 제82호는 다음과 같다.

> 국무회의의 의결을 거쳐 다음과 같이 계엄을 선포한다.
> 단기 4293년 4월 19일
> 대통령 이승만 인
> 1. 이유: 교란된 질서를 회복하고 공공의 안녕을 유지하기 위함

'부모 형제들에게 총부리를 대지 말라'는 플래카드를 앞세우고 시위에 나선 서울 수송국민학교 학생들.

2. 종류: 경비계엄
3. 시행일시: 단기 4293년 4월 19일 오후 1시
4. 지역: 서울, 부산, 대구, 광주, 대전
5. 계엄사령관: 육군중장 송요찬

송요찬 계엄사령관은 오후 5시 10분에 포고문 제1호를 발표하였다. 관보에 실린 계엄 발표문에 5개 도시가 적시된 것과 달리 '서울특별시 일원에 … 경비계엄을 선포'하였다고 되어 있다.

현하 북한괴뢰는 남침의 기회만을 노리고 호시탐탐한 차제에 근간 서울시내의 공공질서는 극단히 문란한 지경에 도달하여 일부 무지각한 군중들은 부화뇌동하여 소요행위를 자행하는 등 중대한 사태에 이르러 정부는 국무원 공고 82호로써 서울특별시 일원에 대하여 단기 4293년 4월 19일 13시 현재로 헌법 및 계엄법에 의거하여 경비계엄을 선포하였습니다. 본관은 계엄법에 정하는 바에 따라 치안 확보상 필요한 한도 내에서 엄정하게 이를 운영할 것이니 시민 제위는 군을 신뢰하여 안도하는 동시에 근거없는 낭설을 조성하거나 직장을 무단 포기하거나 모략을 자행하여 민심을 동요케 하는 등 경망한 행동으로 질서를 교란하고 안녕을 파괴하는 행위에 대해서는 법에 비추어 처단할 것으로 각별 계심하여 만유감 없기를 바라는 바입니다.
단기 4293년 4월 19일 17시 10분 계엄사령관 육군중장 송요찬

이어서 포고문 제2호가 발표되었다.

> 정부는 4293년 4월 19일 13시를 기하여 서울지구의 치안확보를 위하여 경비계엄을 선포하고 국민의 헌신적인 협조를 촉구한 바 있으나 일부 몰지각한 자의 선동과 사주에 망동하여 치안 상태는 혼란의 도가 점점 심해져 횡포는 가중할 따름인지라. 사태 만회와 공안의 질서 상태의 회복을 위하여 정부는 부득이 동년 동일 19시를 기하여 서울, 대전, 대구, 광주 등지에 궁하여 비상계엄을 선포하기에 이르렀다. 본관은 이에 부과된 직무를 성실히 수행함으로써 치안의 조속한 회복을 바라는 마음으로 하기사항을 포고하여 국민 제위의 적극적인 협력이 있기를 바란다.
> 1. 현재 진행 중인 모든 집회는 즉각 해산하라.
> 2. 일체 옥외집회를 불허한다.
> 3. 계엄지구 내의 모든 학교 학생의 등교를 중지한다.
> 4. 통행금지 시간제한을 준수하라(19시부터 다음날 아침 5시까지).
> 5. 언론, 출판, 보도 등은 사전조치를 받으라.
> 6. 유언비어 날조 유포를 불허한다.
> 7. 위법자는 법원의 영장 없이 체포 구금한다.
> 이상의 위반자는 법에 의해 엄중 처단한다.

옥외집회 금지, 학생의 등교 차단, 통행금지 같은 시위 예방을 위한 조치와 사전검열을 통한 언론통제에 중점을 둔 포고령이다. 영

송요찬 계엄사령관 명의로 발령된 제6호 계엄 공고문.

장 없이 체포 구금한다는 7조는 육군본부 군사감실 자료에는 들어 있지 않다. 그런데 '이날 19시 서울, 대전, 대구, 광주 등지에 비상계엄을 선포'했다고 되어 있지만, 국무원 공고 제83호에 따르면 이들 지역에 경비계엄이 비상계엄으로 바뀌어 발령된 시간은 오후 5시다. 1960년 4월 19일자 관보에는 국무원 공고 82호, 83호, 84호가 나란히 실려 있다. 대통령 이름 다음에 내무부장관, 국방부장관을 비롯한 국무위원 10명의 이름이 나열되어 있는 국무원 공고 제82호와 83호는 형식과 내용이 거의 동일한데, 계엄의 종류와 발령 시간 외에 제83호에서 달라진 점은 계엄 선포 이유를 '계엄법 제4조에 의하여 교란된 질서를 회복하고 공공의 안녕을 유지하기 위함'이라고 적시한 부분뿐이다.

당시의 언론보도 등을 살펴봐도 계엄 발표 시간과 대상 지역은 매우 혼란스럽다. 종합해보건대 4월 19일 오후 2시 30분경 서울 지역에 먼저 경비계엄이 발령되고 이어 4시 30분을 전후해 부산, 대구, 광주, 대전에 경비계엄령이 추가 선포된 것으로 판단된다. 이들 지역에 선포된 경비계엄이 비상계엄으로 바뀐 시간은 오후 5시가 지나서다.

이날 저녁 8시에는 계엄사령부 설치를 의결한 국무원 공고 제84호의 후속조치로 계엄부사령관 및 각 지역계엄사무소장을 임명하는 포고문 제3호가 발표되었다. 부산지구 계엄사무소장에 육군소장 박정희가 임명된 것이 눈에 띈다. 다음날 새벽 발표된 포고문 제4호는 '무기나 흉기 등을 발견하거나 습득하면 경찰서나 헌병대에 신고할 것, 폭도 또는 불순분자를 숨기거나 도피시키면 법으로 처단한다'는 내용을 담고 있다.

이후 사태가 다소 진정됨에 따라 4월 25일 지방 도시, 4월 26 서울 지역의 비상계엄을 경비계엄으로 변경한다. 하지만 지방에서 시위가 확산되고 대학교수단 시위를 계기로 대규모 시위가 다시 발발하자 재빨리 비상계엄으로 전환하였다. 4월 27일에는 마산에도 비상계엄이 발령되었다. 이승만이 대통령직에서 하야하고 허정 과도정부가 들어선 다음에도 유지되던 계엄은 경비계엄으로 변경되었다가 7월 16일 해제되었다.

계엄군의 소극적 행동과 출동한 탱크 위의 태극기

연일 계속되는 시위대의 하야 요구에도 이승만은 권좌에서 내려올 생각이 없었다. 이승만은 부정선거를 인정하지 않았으며 사태의 원인을 공산주의자들의 선동으로 돌렸다. 하지만 그의 권력을 뒷받침하던 군부도 미국도 한 걸음씩 발을 빼기 시작했다. 수습책을 마련할 수 없었던 국무위원들은 4월 21일 사태에 대한 책임을 지고 자리에서 물러났다. 이승만은 부통령 당선자 이기붕을 설득해 공직에서 사퇴하게 하고 자신은 자유당을 탈당하겠다고 발표했다. 모든 책임을 다른 사람에게 떠넘긴 채 권력을 유지하겠다는 속셈이었다.

시위대는 이승만의 하야를 요구하였다. 4월 25일의 서울 지역 대학교수단 시위는 그 같은 요구를 더욱 부채질하였다. 다음날 오전에 이미 십만여 명으로 불어난 시위대는 세종대로를 가득 메우고 이승만 대통령의 퇴진을 외쳤다.

4월 26일 이승만 대통령의 하야 성명이 발표되자
시민과 학생들이 계엄군 탱크 위에 올라가 환호하고 있다.

사태가 심상치 않음을 눈치챈 미국이 뒷선에서 움직이기 시작했다. 미국대사가 이승만 대통령을 만나 사직을 권고하기까지 했다. 한국군 작전권을 쥐고 있던 미군은 시위 진압을 위한 계엄군 동원을 이미 승인한 터였다. 미군이 맡고 있던 유엔군부사령관이 작전통제권을 풀어주는 바람에 국군 제15사단 병력이 비상계엄령에 동원될 수 있었다. 그들의 이중성이 엿보이는 대목이다.

이승만 정권의 붕괴 원인 가운데 하나는 군부로부터 적극적인 지지를 받지 못한 점이다. 이승만에 대한 불만이 높았던 군은 경찰과 달리 시위대에 발포하지 않았다. 상대적으로 정치적 중립을 지킨

서울 남산에 세워져 있던 이승만 동상이 시민들에 의해 철거되는 모습.

셈이다. 시위대는 출동한 탱크 위에 올라가 태극기를 흔들었으며 이는 4·19혁명의 한 상징이 되었다.

이승만의 하야와 쓸쓸한 말로

경찰의 폭력적인 물리력에 의존하던 이승만 정권은 민심의 이반과 함께 경찰력이 마비되면서 결국 허무하게 무너지고 말았다. 이승만은 4월 26일 오전에 하야 성명을 발표하였다. 이날 오후에 열린 국회 본회의에서 이승만 대통령의 즉시 하야를 포함한 시국수습결의안이 통과되고, 이승만 대통령은 다음날 국회에 사임서를 제출했다. 이로써 이틀 전 이승만이 외무부장관으로 임명한 허정이 과도정부의 수반이 되었다. 미국 망명길에 오른 이승만은 하와이에서 쓸쓸한 여생을 보내야 했다.

이승만의 몰락과 함께 부정선거 관련자와 부패 관리 체포가 시작되었다. 하지만 가장 책임이 큰 이승만은 안전하게 빠져나간 다음이었다. 반공노선의 유지와 미국과의 유대관계를 지속하려 한 과도정부는 4·19로 표출된 국민의 뜻을 받들 의지가 없었다. 극히 소수의 책임자만 법정에 세운데다 그마저 같은 독재정권에 봉사하던 자들이 기소하고 판결하는 우스운 꼬락서니가 벌어졌다. 구조적인 문제는 손도 못댄 과도정부가 이룩한 거의 유일한 성과는 자유당의 해체였다.

1960년 6월 내각책임제 개헌이 단행되었다. 총선거에서 민주당이 압승하며 제2공화국이 출범하였다. 내각책임제로 바뀌면서 명목상의 국가원수인 대통령이 갖는 헌법상의 계엄 선포권은 형식적

혁명재판 법정에 선 3·15 부정선거의 주범들.

인 권한으로 한정되었다. 그래서 헌법 64조의 '대통령은 법률의 정하는 바에 의하여 계엄을 선포한다'는 조항이 '대통령은 국무회의의 의결에 의하여 계엄을 선포한다. 계엄의 선포가 부당하다고 인정될 때에는 대통령은 국무회의의 의결에 불구하고 그 선포를 거부할 수 있다. 계엄이 선포되었을 때에는 법률의 정하는 바에 의하여 국민의 권리와 행정기관이나 법원의 권한에 관하여 특별한 조치를 할 수 있다'로 바뀌었다. 하지만 나중에 개정된 헌법 조문에 비추어 계엄 선포의 요건, 국회의 해제 요구권 등이 명시되지 못한 한계를 지니고 있다.

5·16쿠데타:
30년 군부독재의 문을 열다

　1961년 5월 16일 새벽 육군 장교들이 군사쿠데타를 일으켰다. 쿠데타 세력은 새벽 5시에 중앙방송국을 통해 행정, 입법, 사법 3권을 완전히 장악했으며, 자신들이 조직한 군사혁명위원회가 모든 통치권을 행사한다고 선언했다. 이로써 4·19혁명을 통해 탄생한 제2공화국 정부는 출범한 지 겨우 9개월 만에 무너지고 말았다.

　군사혁명위원회는 이날 오전 9시 '공공안녕질서 유지'를 명분으로 국내 전역에 비상계엄을 선포하였다. 계엄 선포와 함께 집회 금지, 언론보도 검열, 통행금지 시행, 금융계좌 동결, 공항 폐쇄, 내각 인사 체포, 의회 해산 등을 내용으로 하는 포고령이 잇따라 발령되었다.

　계엄령은 불법 쿠데타를 합법화하는 도구로 활용되었다. 계엄령이 군사쿠데타에 법적 근거를 마련해줌으로써 쿠데타를 정당화하는 효과를 발휘한 것이다. 쿠데타 세력은 계엄포고령을 통해 즉시

군사쿠데타를 일으킨 5월 16일 오전 중앙청 앞에 선 박정희 소장. 박종규 소령과 차지철 대위가 양옆에 포진해 있다.

걸림돌이 될 정치인을 체포하고 정치활동을 금지함으로써 저항을 원천 봉쇄하였다.

쿠데타의 실질적 리더였던 박정희 소장은 군사혁명위원회를 국가재건최고회의로 개편해 계엄사령관 장도영을 허수아비 의장으로 앉힌 채 자신이 부의장으로서 모든 권력을 독점하였다. 이때부터 2년 반가량 국가재건최고회의가 최고권력기관으로 군림하는 군정이 실시되었다. 쿠데타 세력은 정국 안정이라는 자신들의 '과업이 성취되면 정권을 이양하고 본연의 임무에 복귀'하겠다던 국민과의 약속을 저버리고, 헌법을 개정해 군부가 중심이 된 제3공화국을 출범시켰다. 5·16쿠데타로 정치무대의 전면에 등장한 군부독재는 이후 30여 년에 걸쳐 한국사회를 지배하게 된다.

쿠데타 리더 박정희 소장의 야망

4·19혁명으로 이승만이 하야하자 법률상의 대통령 권한 승계권자인 허정 외무부장관을 수반으로 하는 과도정부가 들어섰다. 1960년 6월 의원내각제 개헌안이 통과되고 새 헌법에 따른 국회의원선거에서 민주당은 민의원 의석의 75%를 차지하며 집권에 성공하였다. 민주당 구파의 지도자 윤보선이 대통령에, 실권을 갖는 총리는 신파의 장면이 옹립되었다. 민주주의의 봄이 오는가 싶었다. 하지만 의원내각제라는 생소한 정치체제가 제대로 작동하지 못하면서 국정운영은 표류를 거듭했다. 이승만 독재 치하에서 억눌려온 국민의 사회개혁을 요구하는 목소리는 제2공화국 출범 이후에도 잦아들지 않아 일견 혼란한 모습으로 비쳤다.

이반된 민심을 수습하기 위한 대책의 하나로 장면 내각은 군과 경찰을 혁신하려 했다. 친일경찰을 비롯해 이승만 독재를 뒷받침해온 경찰의 상당수가 숙청되었다. 경찰의 사기가 땅에 떨어져 범죄율이 두 배로 늘 정도였다. 민주당은 선거 공약으로 군 병력 10만 명 감축안을 내놓았다. 절약한 재원은 경제개발계획에 투입할 예정이었다. 6·25전쟁 발발시 10만 명에 미치지 못했던 국군의 규모는 급속히 팽창해 70만 명 선에 이르고 있었다. 군 장교들은 정부의 군 감축안에 크게 반발하였다. 전시동원체제에 힘입어 군이 비약적으로 성장했음에도 군에 대한 처우는 좋지 못했으며, 조직이 비대해지면서 인사 적체가 발생해 젊은 장교들의 승진은 점점 어려워졌다. 영관급 중견 장교들의 불만은 극에 달했다.

5·16쿠데타의 원인으로 쿠데타 주역 박정희의 정치적 야망을

빼놓을 수 없다. 박정희는 일본 청년 장교들이 1936년에 일으켰다가 실패한 쿠데타 2·26사건을 자주 거론하며 야망을 숨기지 않았다. 박정희는 1948년에 일어난 여순사건으로 사형을 선고받은 적이 있다. 6·25가 일어나면서 복직해 무난한 승진을 거듭했지만, 군 생활 내내 요주의 인물로 찍혀 있었다. 그가 3·15부정선거 후 쿠데타를 공모했다는 이야기도 있다. 박정희가 군사정변을 입에 달고 다니자 육군본부는 그를 육본 작전참모부장에서 2군부사령관으로 좌천시켰다.

5·16쿠데타는 박정희를 비롯한 쿠데타 주동자들이 지휘본부인 영등포 제6관구사령부에 자정 무렵 집결하면서 시작되었다. 동원된 병력은 제1공수단, 제6군단 포병단, 30사단, 33사단, 해병대 등 3,500여 명 규모였다. 하지만 병력 차출이 순조롭게 이루어지지 않아 난관에 봉착했다. 이때 김포에 주둔하고 있던 해병대 병력 1,500명이 달려와 숨통이 트였다고 한다. 북한과 마주하고 있던 최전방 정예부대가 임지를 벗어나 쿠데타에 동원되는 위험천만한 일이 벌어졌던 것이다. 쿠데타 음모가 진행되고 있다는 정보는 이미 군 수뇌부에서 파악하고 있었다. 육군참모총장 장도영은 5월 16일 새벽 해병대가 진격한다는 보고를 받고 육군본부 헌병대를 출동시켰다. 한강대교 위에서 쿠데타군과 육군 헌병대 간에 충격전이 벌어졌다. 하지만 쿠데타 전 과정을 통해 제2공화국 정부를 지키기 위해 동원된 병력은 극소수에 지나지 않았다. 출동 부대가 반란군에 설득되어 총부리를 반대로 돌리기도 했다. 장도영이 줄타기하는 듯한 모호한 태도를 보였기 때문이다.

5월 16일 새벽 계엄군 전차부대는 국회의사당이 신축되고 있던 남산을 점거했다.

덕수궁 앞에 출동한 계엄군의 모습.

불법 쿠데타 합법화의 도구가 된 계엄령

한강대교를 건넌 쿠데타군은 서울시내로 진입해 중앙청을 접수했다. 육군본부, 총리 집무실이 위치한 반도호텔, 서울시청 등 주요 시설도 손에 넣었다. 부산, 대구, 광주, 대전 같은 지방 주요도시도 별다른 어려움 없이 장악했다. 중앙방송국을 점령한 쿠데타군은 새벽 5시 군부가 '궐기'해 모든 통치권을 접수했음을 알렸다. 그리고 6개 조항의 '혁명공약'을 발표했다.

> 첫째, 반공을 국시國是의 제1의第一義로 삼고 지금까지 형식적이고 구호에만 그친 반공 태세를 재정비 강화한다.
> 둘째, 유엔 헌장을 준수하고 국제협약을 충실히 이행할 것이며 미국을 위시한 자유우방과의 유대를 더욱 공고히 한다.
> 셋째, 이 나라 사회의 모든 부패와 구악을 일소하고 퇴폐한 국민도의와 민족정기를 다시 바로잡기 위하여 청신한 기풍을 진작한다.
> 넷째, 절망과 기아선상에서 허덕이는 민생고民生苦를 시급히 해결하고, 국가자주경제 재건에 총력을 경주한다.
> 다섯째, 민족적 숙원인 국토통일을 위하여 공산주의와 대결할 수 있는 실력 배양에 전력을 집중한다.
> 여섯째, 이와 같은 우리의 과업이 성취되면 참신하고 양심적인 정치인들에게 언제든지 정권을 이양하고 우리들 본연의 임무에 복귀할 준비를 갖춘다.

혁명공약은 '군사혁명위원회' 이름으로 발표되었다. 정권을 탈취한 쿠데타 세력은 오전 9시를 기해 비상계엄령 선포와 동시에 포고 제1호를 발표했다. 군사혁명위원회 의장과 계엄사령관은 육군참모총장 장도영이 맡았다. 대외적 이용가치를 고려해 쿠데타에 미온적인 태도를 취하던 그를 의장 자리에 앉힌 것이다. 비상계엄령은 군사혁명위원회령 제1호로 선포되었다.

> 혁명정권인 군사혁명위원회는 공공안녕질서를 유지하기 위하여 단기 4294년 5월 16일 9시 현재로 대한민국 전역에 걸쳐 비상계엄을 선포한다.
> 단기 4294년 5월 16일
> 군사혁명위원회 의장 육군중장 장도영

군사혁명위원회령 제2호는 계엄부사령관과 각 지역계엄사무소장 임명에 관한 것이다. 박정희는 계엄부사령관을 맡았다. 보도 검열 등 자세한 사항을 담은 군사혁명위원회 포고 제1호는 다음과 같다.

> 군사혁명위원회는 군사혁명위원회령 제1호로써 대한민국 전역에 걸쳐 단기 4294년 5월 16일 오전 9시를 기하여 비상계엄을 선포 실시한다. 본관은 계엄법에 정하는 바에 따라 국내 질서의 유지와 치안확보상 필요한 한도 내에서 엄정하게 이를 운영할 것임. 국민 제위는 군을 신뢰하고 국가재건을 위한 혁명과업 수행에 적극적인 협조를 바라면서 다음 사항을 포고함.

> 1. 일체의 옥내외 집회를 금한다. 단 종교 관계는 제외한다.
> 2. 누구를 막론하고 국외여행을 불허한다.
> 3. 언론, 출판, 보도 등은 사전검열을 받으라. 이에 대해서는 치안확보상 유해로운 기사, 논설, 만화, 사진 등으로 본혁명에 관련하여 선동, 과장, 비판하는 내용을 공개하여서는 안된다. 본혁명에 관련된 일체 기사는 사전에 검열을 받으며 외국통신의 전재도 이에 준한다.
> 4. 일체의 보복행위를 불허한다.
> 5. 누구를 막론하고 직장을 무단히 포기하거나 파괴, 폐업을 금한다.
> 6. 유언비어의 날조 유포를 금한다.
> 7. 야간 통행금지 시간을 엄수하라. 야간 통행금지 시간은 오후 7시부터 다음날 아침 5시까지.
> 이상의 위반자 및 위법 행위자는 법원의 영장 없이 체포, 구금하고 극형에 처한다.
> 단기 4294년 5월 16일 군사혁명위원회 의장 계엄사령관 육군중장 장도영

이어서 16일 오후 5시, 6개 조항으로 구성된 포고령 제4호가 선포되었다. 국회 해산과 실질적인 정권의 인수가 완료되었음을 밝히는 내용이다.

> 군사혁명위원회는 조국의 현실적인 위기를 극복하고 국민의 열망에 호응하기 위하여 다음과 같이 포고한다.

1. 군사혁명위원회는 단기 4294년 5월 16일 오전 7시를 기해서 장면 정부로부터 일체의 정권을 인수한다.
2. 현 민의원과 참의원 그리고 지방의회는 단기 4294년 5월 16일 오후 8시를 기해서 이를 해산한다. 단 사무처 요원은 존속한다.
3. 일체의 정당, 사회단체의 정치활동은 이를 금한다.
4. 장면 정권의 전 국무위원과 정부위원은 체포한다.
5. 국가기구의 일체 기능은 군사혁명위원회에 의해서 이를 정상적으로 집행한다.
6. 모든 기관과 시설의 운영을 정상화하고 여하한 폭력행위도 이를 엄단한다.

단기 4294년 5월 16일 군사혁명위원회 의장 계엄사령관 육군중장 장도영

5월 16일자 관보에는 군사혁명위원회령 제1호, 제2호와 군사혁명위원회 포고 제1호 ~ 제8호가 함께 실려 있다. 포고 제2호는 금

'군부 무혈혁명 16일 새벽'이라고 써붙인 《경향신문》 게시판 앞에 모여든 시민들.

융동결령에 관한 것으로 오전 9시를 기해 국내 전 금융기관의 모든 금융을 동결한다는 내용이다. 포고 제5호와 제8호는 제2호에 관한 보완조치를 담고 있다. 포고 제3호는 국내 공항과 항만의 봉쇄, 제6호는 물가억제령, 제7호는 외국인 보호에 관한 내용이다. 이 밖에도 법원의 영장 없이 체포, 구금, 수색할 수 있고 군사법원에서 재판을 관장한다는 내용의 포고 제10호를 비롯해 모두 30여 건의 계엄조치문이 발표되었다.

5월 16일 선포된 비상계엄령은 명백히 불법적인 것이었다. 5월 18일에서야 윤보선 대통령의 추인이 있었기 때문이다. 군사쿠데타가 일어나자 장면 총리는 16일 새벽 수녀원으로 몸을 피했다. 한 해 전에 개정된 계엄법에 따라 국무회의의 의결을 거쳐 대통령이 계엄을 선포하게 되었는데, 국무총리와 몇몇 국무위원이 피신함에 따라 쿠데타 세력의 작전은 처음부터 꼬이고 말았다. 계엄령 승인이 벽에 부딪치자 박정희는 국방장관, 삼군 참모총장 등을 대동하고 윤보선 대통령을 찾아가 계엄령 추인과 쿠데타 지지를 요구하였다. 장면은 미국측과 논의한 끝에 18일 오후에야 나타나 국무회의를 개최하고 사퇴 성명을 발표하였다.

군사혁명위원회는 5월 18일 장면 국무총리에게서 정권을 인수받은 뒤 국가재건최고회의로 개편되었다. 5월 20일 내각을 구성해 군사정부를 출범시킨 쿠데타 세력은 5월 27일 비상계엄을 경비계엄으로 전환했다. 계엄이 최종 해제된 것은 한 해 반이 지난 1962년 12월 5일이었다.

민정이양의 약속을 깬 쿠데타 세력

5·16쿠데타 과정에서 미국이 어떤 역할을 했는가는 여전한 의문이다. 허락 없이 병력을 이동하는 것은 유엔사령관, 결국 미국이 가지고 있는 전작권을 침범하는 것이기 때문이다. 처음에 미국은 박정희의 사상을 의심해 진압을 검토했다고 한다. 그러나 끝내 침묵함으로써 박정희의 쿠데타를 지원한 셈이 되었다. 한반도에 강력하고 안정된 반공정부가 들어서기를 원한 미국은 결국 5·16쿠데타를 묵인했다. 한편 당시 5·16을 지지하는 육사 생도들의 퍼레이드가 펼쳐졌는데 이를 뒤에서 주도한 사람은 육군 대위 전두환이었다. 육사 교장이 사관생도들이 정치에 관여해서는 안된다며 거부했음에도 전두환이 밀어붙여 퍼레이드가 성사되었다. 이후 전두환은 박정희의 총애를 받게 된다. 전두환 일당이 주도한 1979년의 12·12 변란은 이때부터 잉태되었다고 할 수 있다.

국가재건최고회의는 국가재건비상조치법에 의해 최고통치기구로서의 법적 기능을 확보함으로써 군정을 위한 법적 제도적 토대를 마련하였다. 새로 출범하는 내각의 수반은 장도영이 겸임하였다. 하지만 장도영의 역할은 여기까지였다. 7월초 들어 장도영이 돌연 반혁명사건으로 체포된 것이다. 토사구팽된 장도영은 무기징역을 선고받고 복역하는 몸이 되었다. 장도영이 체포된 다음날 박정희는 곧바로 국가재건최고회의 의장직에 올랐다. 이로써 박정희의 쿠데타는 명실상부한 권력의 형태로 완성되었다.

5·16쿠데타에서 가장 큰 역할을 한 부대는 해병대였다. 쿠데타에 기여한 공으로 작은 규모의 해병대사령관이 해군참모총장보다

먼저 대장이 되는 등 한때 해병대의 위세는 대단했다. 하지만 해병대 역시 끝내 토사구팽되고 만다. 1973년 해병대사령부가 해체되고 해병대사령관은 해군 제2참모차장으로 격하되었다.

쿠데타 세력은 자신들의 집권 명분을 만들기 위해 3·15 부정선거 지휘자 최인규, 4·19 발포 책임자 곽영주와 함께 이정재, 임화수 같은 정치폭력배를 사형에 처했다. 혁신계 인사들도 된서리를 맞았다. 《민족일보》 사장 조용수, 사회당 조직부장 최백근은 형장의 이슬로 사라졌다. 이들에게 사형을 언도한 기구는 국가재건최고회의 산하에 설치한 혁명재판소였다. 용공분자뿐 아니라 정당, 사회단체 등에 대한 대대적인 탄압이 무시로 이루어졌다. 쿠데타 진압을 시도한 장성들에 대한 보복도 빼놓지 않았다.

1962년 12월에 민정이양을 위한 헌법개정안이 국민투표를 통해 확정되었다. 새 헌법에 의해 의원내각제는 다시 대통령제로 환원

집권 명분을 만들려던 쿠데타 세력에 이용당한 이정재, 임화수를 비롯한 정치폭력배.

되었다. 박정희는 1962년 3월부터 대통령 권한대행을 겸임하다가 다음해 8월 육군대장으로 전역했다. 정치무대에 나설 준비를 마친 박정희는 민정이양 후 군 본연의 자리로 돌아가겠다던 약속을 깨고 자신이 창당한 민주공화당의 총재가 되었다.

박정희는 1963년 10월에 치러진 대통령선거에서 전 대통령 윤보선을 근소한 표차로 누르고 제5대 대통령에 당선되었다. 민주공화당 역시 제6대 국회의원선거에서 제1당이 되었음에도 총투표의 32.4%밖에 얻지 못했다. 대통령선거와 국회의원선거에서 드러난 민심은 박정희에게 호락호락한 게 아니었다. 공화당이 뿌린 거액의 선거자금과 중앙정보부의 공작, 야당 후보의 난립 등이 아니었으면, 선거 결과는 예측하기 어려웠을 것이다. 박정희의 대통령 당선과 함께 제3공화국이 출범함으로써 5·16쿠데타에서 비롯한 군정은 막을 내렸다.

국민을 억누르기 위한 탄압책:
6·3계엄

    5·16군사쿠데타로 집권한 박정희 정권은 권력 유지를 위해 계엄령을 활용하기 시작한다. 박정희는 정권의 명운을 걸고 한일국교 정상화 회담을 추진했다. 야당과 사회단체, 학생들은 매국외교 중지를 요구하며 반대투쟁에 나섰다. 1964년 이른 봄부터 시작된 시위는 점점 거세게 불타올랐다. 마침 해방 20주년을 맞이하는 시점이었다. 일제강점기를 몸으로 체험한 국민이 많고 반일 감정이 강해 투쟁의 파고는 불길처럼 번져갔다.

    한일회담 반대시위가 반정부시위로 확산되자 이를 막기 위해 정부는 비상계엄령을 선포하였다. 계엄이 선포된 날은 6월 3일이었다. 계엄령이 발동되며 일시 사그라졌던 한일회담 반대투쟁은 다음 해까지 줄기차게 이어졌다. 6월 3일의 시위가 하나의 정점을 이루고 시위를 진압하기 위해 비상계엄이 선포되었다고 해서 이를 6·3항쟁이라고 부른다. 5·16계엄이 불법적인 군사쿠데타를 합법화하기 위한 도구였다면, 6·3계엄은 정부의 정책에 반대하는 국민의 목소리를 억누르기 위한 탄압책이었다. 국회의 요구를 수용하는 형식으로 계엄을 거두어들이며 유화적인 태도를 보이던 정부는 다음해 다시 계엄령에 준하는 위수령을 발동해 반정부시위를 탄압했다. 박정희 정권은 이후 위수령과 계엄을 섞어가며 더욱 노골적인 독재의 길을 걷게 된다.

학생운동이 앞장서며 대중을 선도한 6·3항쟁

일본과의 국교정상화 회담은 연합군사령부의 중재로 1951년에 처음 시도되었는데 이승만 정권 하에서는 큰 진전이 없었다. 쿠데타로 집권해 물적 토대가 빈약했던 박정희 정권은 필요한 자본을 대일청구권으로 조달하려고 했다. 집권 후부터 한일회담을 서둘러 1962

1962년 11월, 중앙정보부장 김종필과 일본 외상 오히라 마사요시가 작성한 비밀협상 메모.

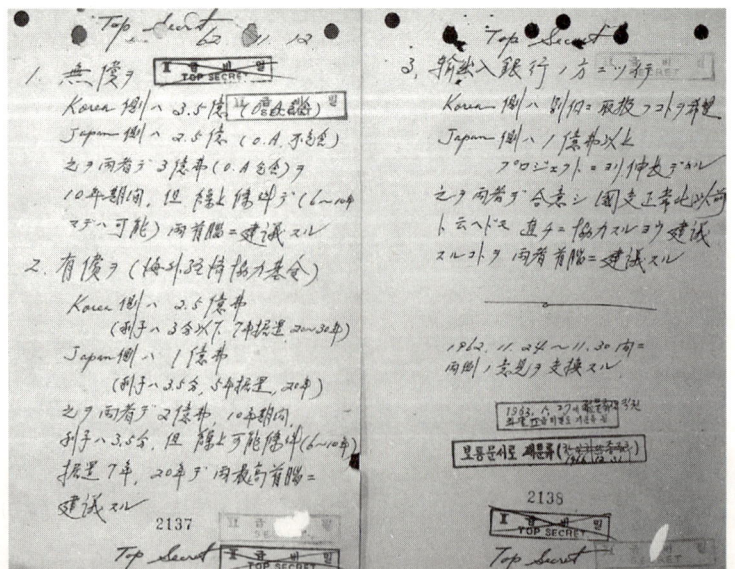

년 11월에 이미 중앙정보부장 김종필과 일본 외상 오히라 마사요시가 비밀각서까지 교환했다. 냉전으로 인해 소련 진영에 대항할 동아시아 반공 블록이 필요했던 미국이 적극 지원하는 가운데 일본 역시 경제성장으로 축적한 자본이 진출할 해외 시장의 확대가 절실했다.

김종필을 파견해 청구권 문제를 해결한 박정희는 1963년 한일회담의 최대 난관이었던 평화선 문제를 타결하고 국교정상화에 합의하였다. 정부는 1964년 3월 들어 한일국교정상화 회담의 재개를 결정했다. 야당과 사회단체는 즉각 대일굴욕외교반대 범국민투쟁위원회를 발족하며 구국선언문을 발표하였다. 당시 우리 국민 대다수는 국교정상화를 제2의 경술국치이자 을사늑약, 곧 일본의 신제국주의 침략으로 규정하며 반발하였다. 정부와 여당인 공화당을 제외하고는 전 국민이 반대투쟁에 동참했다 해도 과언이 아니다.

급기야 3월 24일 서울에서 4천 명의 대학생이 시위를 벌이면서 그 물결은 전국으로 확산되었다. 학생들이 협상을 위해 일본에 가 있는 김종필의 즉시 귀국을 요구하자, 박정희는 서둘러 김종필을 귀국시키고 학생 대표를 청와대로 불러 설득했다. 하지만 이는 박정희 정권의 기만술이었다. 정부가 한일회담을 계속 추진하자 4·19혁명 기념일을 전후해 학생 시위에 다시 불이 붙었다.

5월 20일 서울대 문리대생들은 '민족적 민주주의' 장례식을 거행했다. 박정희가 집권시 내세운 명분이 민족적 민주주의였기 때문이다. 이날 울려 퍼진 장례식 조사는 이렇게 시작한다.

"시체여! 너는 오래전에 이미 죽었다. 죽어서 썩어가고 있었다. 넋없는 시체여! 반민족적 비민주적 민족적 민주주의여! 썩고 있던 네 주검의 악취는 사꾸라의 향기가 되어…"

장례식을 치른 학생들은 격렬한 시위를 벌였다. 단식투쟁이 이어지고 시위가 더욱 걷잡을 수 없이 확대되며 각 대학에서 학생들이 거리로 몰려 나갔다. 4·19는 분노한 민심에 대학생이 나중에 가세하는 모습이었다. 반면 6·3항쟁은 학생운동이 앞장서며 대중을 선도했다.

6월 들어 더욱 고양된 시위는 6월 3일 절정에 이르렀다. 정오 무렵 서울 시내 중심지에는 1만 2천여 명의 대학생이 모였다. 도심으로 진출한 학생들은 도처에서 경찰과 충돌하면서 중앙청 앞으로 향했다. 오후가 되자 시위 군중의 숫자는 3만여 명으로 불어났다. 시위대는 박정희, 김종필, 일본 총리 이케다 하야토, 히로히토 일왕 등의

한일회담 반대시위는 6월 3일 절정에 이르고, 이날 밤 비상계엄이 섬포되었다.

형상을 만들어 불태우고, '박정희는 민족반역자'라고 외쳤다. 수원, 대전, 청주 등지에서도 시위가 벌어졌다.

반정부시위의 확산과 비상계엄

시위가 절정을 향해 치닫자 정부는 대통령 주재로 국가안전보장회의를 열어 비상계엄령 선포를 의결하였다. 이어 임시국무회의의 심의를 거쳐 총리 이하 전 국무위원이 부서한 가운데 6월 3일 밤 대통령 박정희 이름으로 계엄을 선포하였다.

> 국무회의의 심의를 거친 비상계엄 선포에 관한 건을 이에 공고한다.
> 대통령 박정희 인
> 1964년 6월 3일
> 대통령공고 제11호 비상계엄 선포에 관한 건
> 1. 이유: 계엄법 제4조에 의하여 교란된 질서를 회복하고 공공의 안녕을 유지하기 위함
> 2. 종류: 비상계엄
> 3. 시행일시: 1964년 6월 3일 20:00시
> 4. 지역: 서울특별시
> 5. 계엄사령관: 육군참모총장 육군대장 민기식

1962년 12월에 공포된 제3공화국 헌법은 정부 형태를 대통령제로 환원하였다. 더불어 계엄에 관한 규정도 크게 바뀌었다. 헌법

제75조 1항에 '대통령은 전시, 사변 또는 이에 준하는 국가비상사태에 있어서 병력으로써 군사상의 필요 또는 공공의 안녕질서를 유지할 필요가 있을 때에는 법률이 정하는 바에 의하여 계엄을 선포할 수 있다'고 해 계엄의 발동조건을 명시하였으며, 계엄의 종류를 비상계엄과 경비계엄으로(제2항) 나누었다. 제3항은 계엄사령관의 특별조치권한을 담고 있는데 '계엄이 선포된 때에는 법률이 정하는 바에 의하여 영장제도, 언론·출판·집회·결사의 자유, 정부나 법원의 권한에 관하여 특별한 조치를 할 수 있다'고 되어 있다. 제4항과 제5항은 '계엄을 선포한 때에는 대통령은 지체없이 국회에 통고하여야'

'황소(민주공화당의 상징)의 병명은 급성맹장염!'이라는 플래카드를 앞세우고 시위에 나선 서울대 의대생들.

하고, '국회가 계엄의 해제를 요구한 때에는 대통령은 이를 해제하여야 한다'는 내용이다. 이전에는 이들 조항의 대부분이 계엄법에만 들어 있었다.

정부는 비상계엄 선포 이유를 '계엄법 제4조에 의하여 교란된 질서를 회복하고 공공의 안녕질서를 유지하기 위함'이라고 했다. 계엄법 제4조는 '비상계엄은 전쟁 또는 전쟁에 준할 사변에 있어서 적의 포위공격으로 인하여 사회질서가 극도로 교란된 지역에 선포한다'고 명시되어 있다. 당시 전쟁 또는 전쟁에 준할 사변은 존재하지 않았으며, 계엄 선포지역인 서울특별시가 적의 포위공격을 받은 적도 없다. 따라서 계엄 선포는 계엄법 제4조의 요건을 구비하지 못했음이 명백하다. 3월 하순에도 6월초 못지 않은 규모의 시위가 벌어졌지만 계엄령은 발동되지 않았다.

박정희는 헌법 제75조 4항에 따라 계엄령 선포 사실을 밤 10시 30분 국회의장에게 통고하였다. 자정 무렵에는 계엄부대인 수도경비사령부 예하 병력이 서울에 진주하였다. 완전무장한 군인들이 시내 요처를 장악하면서 서울의 치안은 군의 손으로 넘어갔다. 군의 진주와 함께 시위대는 자진 해산하였다.

주동자를 쥐도 새도 모르게 해치우겠다

이날 낮 미국 대사와 유엔군사령관은 청와대를 방문해 박정희 대통령과 회담했으며, 시위대를 진압하기 위해 군대를 동원하겠다는 박정희의 의견에 동의하였다. 미국이 군대 동원을 승인한 것은 미국의 이해관계 때문이었다. 미국은 한일 간의 국교정상화는 물론 베트남전쟁에 국군을 파병하는 문제로 박정희 정권을 강력히 지지하였다.

6월 3일 밤 계엄사령관에 임명된 민기식 육군참모총장은 육군본부에 계엄사령부를 설치하고 계엄포고를 발표했다. 계엄포고 제1호는 다음과 같다.

> 1. 옥내외 집회 및 시위를 금한다. 단 관혼상제 및 극장상영은 제외한다.
> 2. 언론출판 보도는 사전검열을 받아야 한다.
> 3. 일체의 보복행위를 금한다.
> 4. 직장을 이탈하지 못한다.
> 5. 유언비어를 날조 유포하지 못한다.
> 6. 서울특별시 내의 각급 대학교와 중·고등학교 및 국민학교는 1964년 6월 4일을 기하여 별도지시가 있을 때까지 일제히 휴교한다.
> 7. 통금시간을 엄수하여야 한다. 통금시간은 하오 9시부터 다음날 오전 4시까지로 한다.
> 이상 포고 위반자는 영장 없이 압수, 수색, 체포, 구금한다.
> 1964년 6월 3일 계엄사령관 육군대장 민기식

이어서 발표된 계엄포고 제2호는 '비상계엄 지역 내에서 압수 수색, 체포, 구속에 관해 법관의 영장 없이 집행한다'는 내용이었다. 군과 경찰은 즉각 시위 주동자 검거에 돌입했다. 시위 주동 학생 및 배후세력으로 지목된 정치인 등이 잡혀들어가기 시작했다. 시위를 과장보도하거나 선동했다는 이유로 언론인들도 연행되었다. 천 명이 넘는 사람이 검거되어 그중 348명이 내란 및 소요죄로 구속되었다. 나중에 대통령 자리에 오르는 고려대생 이명박도 그중의 하나다. 이때 중앙정보부장 김형욱이 박정희에게 '트럭 천 대를 징발해 주면 학생 주동자들을 무인도로 격리해 쥐도 새도 모르게 해치우겠다'고 건의했다는 이야기도 전한다.

박정희는 3일 밤 발표한 담화문에서 학생 시위를 '반정부적 파괴행동'으로 규정하였다. 민기식 계엄사령관은 '북한괴뢰가 전례 없이 남한 적화를 획책하고 있는 차제에 … 혼란한 틈을 이용한 적의 침투공작도 그 어느 때보다 우려되므로' 비상계엄을 선포했다는 담화를 발표했다. 약방의 감초처럼 등장하는 '북한의 위협' 타령은 급기야 지식인과 언론인, 학생 41명이 검거되는 인혁당 사건으로 이어졌다. 이들이 '북한의 지령을 받아 국가 사변事變을 기획'하고 한일협정 반대시위를 배후조종했다는 것이다. 그러나 기소된 사람은 13명에 불과하고, 두 사람에게만 2~3년의 실형이 선고되었다. 나머지는 무죄 방면되었다.

6·3계엄에서 눈여겨볼 것 중의 하나는 언론·출판에 대한 철저한 검열이다. 서울시청 내에 검열관이 주재하면서 신문, 방송, 출판, 영화, 연극 등 모든 매체를 검열하였다. 신문은 인쇄원본을, 기타 출판물, 선전물, 공연물은 원고 또는 각본을 제출해야 했다. 외국통신 전재물이나 외국 간행물도 예외가 아니었다. 이를 책임진 검열관은 육군 중령이었다. 그가 그처럼 넓은 영역을 다 다루어야 했으니 과연 얼마만큼의 전문성을 지니고 있었을지 의문이다.

계엄으로 급한 불을 끈 정부는 한편으론 유화책을 쓰기 시작했다. 한일회담 한국측 대표로 나섰던 김종필 공화당 의장을 해임하고 공화당 총무단도 경질하였다. 야당 의원들의 비상계엄 해제 요구는 여당의 반대로 일단 무산되었다. 하지만 시국 수습을 위한 여야협상이 개시되어 7월 28일 해엄결의안이 국회를 통과하였다. 해엄안이 가결되자 이날 오후 정부는 국무회의를 열어 국회의 결의를 수용하기로 하고 다음날 자정을 기해 계엄령을 해제하였다. 국회의 요구, 그것도 여당과 야당이 공동으로 계엄 해제를 요구해 정부가 수용한 우리 헌정사에서 드문 사례이다.

이번에는 위수령이다

박정희 정권은 6·3항쟁으로 표출된 한일회담 반대운동에도 불구하고 꿋꿋이 한일국교정상화 로드맵을 밟아나갔다. 통킹만 사건을 일으키며 베트남전쟁에 본격 개입한 미국의 영향이 컸다. 1965년

일본 수상 관저에서 한일기본조약 협정문에 서명하고 있는 한국과 일본 대표들.

2월말 한일 양국은 한일기본조약에 가조인했다. 이 사실이 알려지면서 한동안 잠잠하던 한일협정 반대운동에 다시 불이 붙기 시작하였다. 4월 들어 그동안 쟁점이 되어 있던 어업 문제, 청구권 문제, 재일 한국인의 법적 지위 문제 등 현안이 일괄 타결되면서 시위는 더욱 격해졌다. 정부는 휴교령을 내려 시위를 원천 차단하였다.

6월 22일 전국에 갑호 비상령이 내려진 가운데 한일기본조약 협정이 조인되었다. 전국에서 대학생, 고등학생 할 것 없이 수많은 학생이 제2의 을사늑약 철회, 평화선 사수 등을 외치며 시위를 벌이고 단식농성을 전개하였다. 정부는 확산하는 시위를 막기 위해 조기 방학에 들어가도록 조치했다. 그러는 사이에 8월 들어 공화당은 야당의원들의 반대를 뚫고 한일협정 비준 동의안을 통과시켰다. 국회가 한일협정을 비준하자 방학중이던 학생들은 비준무효화투쟁에 나섰으며 8월말 개강과 동시에 열기는 더욱 고조되었다. 정부는 미국과 베트남전쟁 비판은 북한의 주장을 대변하는 반국가적 행위라며 내란죄와 반공법을 적용해 엄단하겠다는 담화를 발표하였다.

8월 25일 고려대에 무장 군인들이 난입하더니 급기야 다음날 서울 일원에 위수령이 선포되었다. 위수령에도 불구하고 8월 27일 '학원방위학생총궐기대회'가 개최되는 등 투쟁은 멈추지 않았다. 하지만 무장 군인을 앞세운 정부의 무자비한 탄압과 테러 앞에 투쟁 동력은 점차 사그라들었다. 위수령은 서울시장이 요청하는 형식으로 발동되었다.

1950년에 대통령령으로 제정된 위수령은 재해 또는 비상사태 발생시 치안유지와 군사시설물 보호 등을 목적으로 제정되었다. 위수령은 군 병력을 동원한다는 점에서 계엄령과 유사하지만, 병력출동 조치 등에 관해 해당 지역 지자체장과 협의해야 한다는 점에서 차이가 있다. 한편 국회의 동의가 필요없는 편리성 때문인지 박정희 정권 때 세 차례에 걸쳐 위수령이 발동된 바 있다. 1971년의 교련 반대 및 부정선거 규탄 시위와 1979년 부마항쟁 때 시위 진압의 수단으로 사용되었던 것이다.

위수령은 이처럼 군사독재의 도구로 사용된데다 상위법에 구체적 근거 규정이 없어 위헌 논란이 끊이지 않았다. 2017년 박근혜 대통령의 국정농단 탄핵 당시 기무사령부가 위수령 발동을 계획했다는 의혹이 제기되며 큰 논란이 일었다. 무엇보다 국민의 기본권을 대통령령으로 제한한다는 점이 위헌 논란을 불러일으켰다. 위수령 법령은 결국 2018년 9월 폐지되었다.

1965년 9월 들어 학생운동 지도부가 구속되면서 한일협정 반대투쟁은 종언을 고하였다. 자연스레 위수령도 발령된 지 한 달 만에 해제되었다. 그해 12월 한일 양국이 국교정상화에 합의하면서 한일수교가 이루어졌다.

10월유신과 비상계엄

장기집권욕에서 비롯한 친위쿠데타

1972년 10월 17일, 비상계엄령이 선포되었다. 동시에 박정희 대통령은 국회 해산과 정치활동의 중지를 포함한 헌법 일부 조항의 효력을 정지시키는 초헌법적 조치를 단행하였다. 당시 헌법에는 대통령의 국회 해산권이 존재하지 않았다. 박정희는 한 해 앞서 1971년 4월에 치른 대통령선거에서 당선된 대통령이었다. 따라서 현직 대통령이 무리수를 써가며 헌정을 중단시키는 사태는 상식으로 이해될 수 없는 일이었다.

박정희는 계엄 당일 발표한 대통령 특별선언에서 '급변하는 정세에 대응해나가기 위한 유신적 개혁의 필요에 의해 비상조치로써 체제개혁을 단행'한다고 말했다. '개혁'을 위해 부득이 '비상조치'와 '비상계엄'이 필요하다는 논거였다. 2018년 대법원은 1972년의 계엄은 '기존의 헌정질서를 중단시키고 유신체제로 이행하고자 그에 대한 저항을 사전에 봉쇄하기 위한 것임이 분명하다'며 '위헌이고 위법해 무효'라고 결론내렸다.

비상계엄령 선포와 대통령 특별선언이 발표된 10월 17일부터 해산된 국회를 대신해 비상국무회의에서 마련한 헌법 개정안에 따라 제4공화국, 곧 유신체제가 성립하기까지의 과정을 흔히 10월유신이라고 일컫는다. 10월유신은 박정희의 장기집권욕에서 비롯한 친위쿠데타였다.

반대운동이 원천봉쇄된 계엄령 하에서 치러진 국민투표에서 새 헌법 개정안은 높은 투표율과 찬성률로 통과되었다. 새 헌법은 철저히 박정희 1인을 위한 독재헌법이었다. 통일주체국민회의라는 꼭두각시 거수기들이 체육관에 모여 대통령을 뽑는 간선제가 채택되었기 때문이다. 단독 출마한 박정희는 99.9%라는 희극적인 찬성률로 다시 대통령에 당선되었다.

계엄포고령 1호를 발표하는 노재현 계엄사령관.

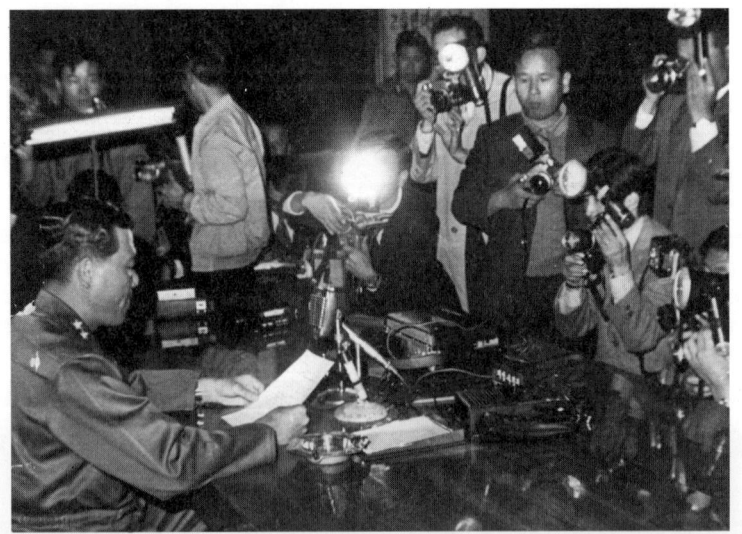

박정희의 쿠데타는 성공을 거두었다. 유신헌법은 절차적 민주주의뿐 아니라 민주주의의 기본원리인 3권분립마저 부정한 헌법이었다. 통일주체국민회의에서 대통령의 친위대라 할 수 있는 국회의원의 3분의 1을 뽑기 때문에 지역구 여당 의원을 합치면 헌법 개정이 가능한 국회 의석의 3분의 2를 쉽게 확보할 수 있는데다 대통령에게 국회 해산권까지 주어졌다. 또한 대법원장과 대법관 임명을 통해 사법권을 통제하게 함으로써 대통령은 입법, 행정, 사법의 전권을 장악하는 초법적 존재가 되었다.

독재의 후폭풍은 국민의 입에 재갈을 물리는 연이은 긴급조치로 이어졌다. 긴급조치를 통해 박정희는 필요할 때마다 자신의 자의적 판단에 따라 기존의 법과 제도를 뛰어넘는 강제력을 행사할 수 있었다. 우리 국민은 이전에 겪어보지 못한 혹독한 독재를 감당해야 했다. 동토의 시대는 박정희가 비운의 죽음을 맞이한 1979년에 가서야 풀리는가 싶더니, 박정희의 군부독재 후계자가 다시 정권을 찬탈해 1987년 6월항쟁까지 8년을 더 기다린 다음에야 국민주권시대를 회복할 수 있었다.

'3선개헌은 하지 않는다'던 박정희의 배신

박정희정부는 1970년대 초 여러 가지 위기에 봉착했다. 재선에 성공한 박정희는 1969년 국회의원 부정선거와 야당 의원 매수를 통해 대통령 3선이 가능하도록 헌법을 개정하였다. 여당인 공화당에서조차 '3선개헌은 절대 하지 않는다'고 공언했던 그의 행보를 반대하는 의원들이 나올 정도로 민심의 이반이 시작되고 있었다. 재출마의 법적 토대를 마련한 박정희는 1971년 대통령선거에서 신민당의 김대중 후보를 누르고 3선에 성공하였다. 거액의 선거자금과 행정력을 동원한 선거치고는 신승이라 할 만했다. 중앙정보부장을 지낸 김형욱은 미국 의회의 프레이저 청문회에서 '부정과 조직적 방해가 없었다면 김대중씨가 한국 대통령에 당선되었을 것'이라고 증언하였다. 대선 뒤 곧바로 치러진 총선에서는 야당인 신민당이 이전보다 두 배 많은 의석을 차지해 실질적인 대승을 거두었다. 정치적 위기가 가중되면서 박정희의 불안도 점점 커졌다.

한편 세계경제가 스태그플레이션에 돌입하면서 보호무역주의가 대두하였다. 고도성장 중이던 한국경제도 외채가 늘어나고 인플레이션이 발생하는 등 후유증이 나타나기 시작했다. 미국과 중국이 관계를 정상화하는 등 국제관계는 데탕트로 돌아섰다. 미국은 남북관계의 개선을 요구하며 미군 철수 이슈를 꺼내 들었다. 미국의 압력을 피할 수 없었던 박정희 정권은 돌연 7·4공동성명을 발표하였다.

남북한이 동시에 발표한 '대화를 통해 자주적 평화통일을 추구'하며 '남북조절위원회를 구성해 다방면적 교류'를 확대한다는 소식은 금방이라도 통일이 찾아올 것 같은 환상을 심어주었다. 모든 국민이 환호하던 남북대화에 대한 기대가 차가운 배신으로 돌아오는 데는 채 반년이 걸리지 않았다.

> 우리는 지금 국제정세의 거센 도전을 이겨내면서 또한 남북대화를 더욱 적극적으로 과감하게 추진해나가야 할 중대한 시점에 처해 있습니다. 이 같은 시점에서 우리에게 가장 긴요한 것은 … 귀중한 남북대화를 더욱 굳게 뒷받침할 수 있을

> 뿐 아니라 급변하는 주변정세에 능동적으로 대응해나갈 수 있는 모든 체제의 시급한 정비라고 믿습니다. 우리 헌법과 각종 법령 그리고 현체제는 동서 양극체제 하의 냉전시대에 만들어졌고 하물며 남북의 대화 같은 것은 전연 예상치도 못했던 시기에 제정된 것이기 때문에 오늘과 같은 국면에 처해서는 마땅히 이에 적응할 수 있는 새로운 체제로의 일대 유신적 개혁이 있어야 하겠습니다.

1971년 대통령선거에 출마하면서 '다시는 국민에게 표를 달라고 하지 않겠습니다'라고 약속했던 박정희는 1972년 10월 17일 위와 같은 내용의 대통령 특별선언을 발표하였다. 이어서 '우리의 정치현실을 직시할 때 정상적인 방법으로는 이 같은 개혁이 이루어질 수 없다는 판단 하에 부득이 비상조치로써 체제개혁을 단행'한다고 선포하였다. 이른바 10월유신의 개문발차를 알리는 특별선언의 내용은 상상을 초월하는 초헌법적인 것이었다.

> 1. 1972년 10월 17일 19시를 기하여 국회를 해산하고 정당 및 정치활동의 중지 등 현행헌법의 일부 조항 효력을 정지시킨다.
> 2. 일부 효력이 정지된 헌법조항의 기능은 비상국무회의에 의하여 수행되며, 비상국무회의의 기능은 현행헌법의 국무회의가 수행한다.
> 3. 비상국무회의는 1972년 10월 27일까지 조국의 평화통일을 지향하는 헌법개정안을 공고하며, 이를 공고한 날로부

터 1개월 이내에 국민투표에 부쳐 확정시킨다.
4. 헌법개정안이 확정되면 개정된 헌법 절차에 따라 늦어도 금년 연말 이전에 헌정질서를 정상화시킨다.

영구집권을 꿈꾸던 박정희는 이미 1971년 10월에 학원 병영화를 위해 도입한 교련 반대 및 대통령선거 부정 규탄 시위를 진압하기 위해 위수령을 발령하고, 12월에는 대통령에게 국가비상사태 선포권을 부여하는 '국가보위에 관한 특별조치법'을 제정하였다. 유신체제가 어느 날 하늘에서 뚝 떨어진 것이 아님을 알 수 있다.

1972년 10월 18일 중앙청 앞의 모습. 탱크를 앞세운 계엄군이 광화문을 지키고 있다.

비상조치를 뒷받침하기 위한 계엄

박정희는 평화통일과 남북대화를 뒷받침해주는 새 헌법이 필요하고, 통일과 번영을 위해서는 대통령의 강력한 지도력이 필요하다는 논리를 폈다. 하지만 그는 5·16쿠데타 당시에는 '반공을 국시의 제일의로 삼는다'고 주장했으며, 10월유신 2주기를 맞는 1974년 국군의 날 행사에서는 다시 이전처럼 '유신체제는 공산 침략자들로부터 자유를 지키자는 체제'라고 말을 바꾸었다. 대통령 특별선언 선포와 함께 정부는 전국에 비상계엄령을 발령하였다.

> 국무회의의 심의를 거친 계엄 선포를 이에 공고한다.
> 대통령 박정희 인
> 1972년 10월 17일
> 대통령공고 제32호 계엄 선포 공고
> 1972년 10월 17일 정부의 비상조치에 의하여 대한민국이 직면하고 있는 역사적 시련을 극복하고 국토와 민족의 평화적 통일을 달성키 위한 체제의 개혁을 단행함에 있어 이에 수반되는 사회질서의 동요와 혼란을 미연에 방지하는 동시 국민의 생명과 재산을 보호하기 위해 다음과 같이 계엄을 선포한다.
> 1. 계엄의 종류: 비상계엄
> 1. 시행일시: 1972년 10월 17일 19:00시
> 1. 계엄지역: 전국
> 1. 계엄사령관: 육군참모총장 육군대장 노재현

'비상조치에 의한 체제개혁'을 뒷받침하기 위한 계엄임을 밝히고 있는 점이 눈에 띈다. 유신헌법에서는 계엄 관련 조항이 기존의 75조에서 54조로 바뀐다. 내용적으로는 '영장제도, 언론·출판·집회·결사의 자유, 정부나 법원의 권한에 특별한 조치'를 할 수 있는 계엄을 비상계엄으로 한정하고, 국회의 계엄 해제 요구 요건을 재적의원 과반수의 찬성으로 조정하였다. 같은 날 계엄사령관 명의의 계엄포고 1호도 발령되었다.

> 1972년 10월 17일 19시를 기하여 하기사항을 포고함.
> 1. 모든 정치활동 목적의 옥내외 집회 및 시위를 일절 금한다. 정치활동 목적이 아닌 옥내외 집회는 허가를 받아야 한다. 단, 관혼상제와 의례적인 비정치적 종교행사의 경우는 예외로 한다.

10월유신 홍보 포스터. 정부는 10월유신이 '번영과 통일의 길'이라며 대대적인 선전활동을 벌였다.

2. 언론, 출판, 보도 및 방송은 사전검열을 받아야 한다.
3. 각 대학은 당분간 휴교 조치한다.
4. 정당한 이유 없는 직장이탈이나 태업행위를 금한다.
5. 유언비어의 날조 및 유포를 금한다.
6. 야간통행금지는 종전대로 시행한다.
7. 정상적 경제활동과 국민의 일상생업의 자유는 이를 보장한다.
8. 외국인의 출입국과 국내여행 등 활동의 자유는 이를 최대한 보장한다. 이 포고를 위반한 자는 영장 없이 수색, 구속한다.

1972년 10월 17일 계엄사령관 육군대장 노재현

계엄이 선포되면 으레 국민의 기본권이 침해된다. 국회를 해산한 정부는 야당 국회의원부터 보안사령부, 헌병대 같은 군부대로 끌고 갔다. 이들은 알몸에 전신구타, 거꾸로 매달기, 물고문 같은 혹독한 고문을 당해야 했다. 평범한 국민이라고 권력의 횡포를 피해갈 수는 없었다. 머리가 길다고, 미니스커트를 입었다고 젊은이들이 길거리에서 연행되었다. 툭하면 금지곡으로 지정하는 바람에 대중가요마저 마음대로 들을 수 없었다.

15년간 사라져야 했던 대통령 직접선거

연말 이전에 헌정질서를 복원한다는 로드맵에 따라 부랴부랴 새 헌법개정안이 마련되었다. 유신헌법은 야당, 언론, 대학 같은 모

1972년 12월 23일 장충체육관에 모인 통일주체국민회의 대의원들은 박정희를 다시 대통령으로 뽑았다.

든 반대세력에 재갈을 물리고 오로지 찬성 홍보만 요란한 가운데 국민투표를 통해 확정되었다. 장충체육관에 모인 통일주체국민회의 대의원들은 박정희를 다시 대통령으로 옹립하였다. 이후 15년 동안 국민은 자신의 손으로 대통령을 직접 뽑을 수 없었다. 이렇게 체육관에서 대통령 자리에 오른 박정희는 입법, 사법, 행정 3권 위에 군림하는 무소불위의 존재가 되었다.

게다가 박정희는 초헌법적 비상대권인 긴급조치 발동권까지 갖게 되었다. 유신체제의 폭압성을 지탱해준 제도적 장치인 긴급조치는 모두 9번 발령되었다. 긴급조치는 대통령의 자의적 판단에 따라 헌법상 국민의 기본권을 국회의 동의 없이 정지시킨다든지 정부와 법원의 권한을 제한하는 등 민주국가에서는 상상하기 어려운 것이었다. 심지어 사법적 심사의 대상조차 되지 않았다.

아무리 힘으로 억누른다 한들 저항이 없을 리 있겠는가. 유신헌법이 공포된 이듬해 봄부터 술렁이기 시작하며 대학가를 중심으로 유신철폐를 요구하는 시위가 전개되었다. 시위 학생들을 연행해 구속하는 등의 강경조치를 취했지만 시위는 잦아들지 않았다. 재야인사들도 개헌을 위한 100만인 서명운동을 벌이며 반정부투쟁에 나섰다.

비상수단을 꺼내든 박정희는 1974년 1월 대통령긴급조치 1호와 2호를 발표하였다. 헌법을 부정, 비방하는 사람을 영장 없이 체포해 비상군법회의에서 심판한다는 포고였다. 4월에는 민청학련과 관련한 긴급조치 4호를 발표하였다. 민주화운동가를 좌경용공 세력으로 엮어넣기 위해 조작한 사건으로 지도부에는 사형 선고가 내려졌다. 그럼에도 시위가 수그러들지 않자 다음해 5월에는 긴급조치의 종합완결판이라고 불리는 긴급조치 9호를 발령하였다. 유신헌법에 대한 부정, 반대, 왜곡, 비방이나 개정, 폐지 주장과 보도, 유언비어 유포, 학생의 집회, 시위, 정치관여 행위를 금지하는 내용이었다.

긴급조치 9호는 박정희 정권이 막을 내리기까지 내내 유지되며 한반도를 동토의 왕국으로 만들었다. 진실화해위원회가 조사한 바에 따르면 학생운동이나 재야 등의 반정부활동으로 기소된 경우보다 음주 대화나 수업중 유신체제를 가볍게 비판한 경우가 훨씬 많아 긴급조치가 얼마나 평범한 국민의 일상을 옥죄었는지 알 수 있다.

유신헌법안이 국민투표를 통해 확정된 지 일주일 후에 정부는 대학 휴교령을 해제하고, 대통령선거 하루 전날인 1972년 12월 13일 24시를 기해 계엄령을 해제하였다. 계엄 선포와 대통령 특별선언

1973년 10월 1일의 25주년 국군의 날 기념식. 대규모 카드 섹션이 상징하듯 박정희는 3권 위에 군림하는 무소불위의 존재가 되었다.

발표에 앞서 박정희는 미국에 비상대권 발령 사실을 통지했다. 미국은 자신들은 유신 선포와 무관하다는 입장을 유지하려고 했다. 하지만 박정희의 특별선언문에 미국의 대외정책을 비판하는 부분이 있는 것을 알고 그 부분을 수정하도록 압력을 행사함으로써 역설적으로 10월유신 선포에 개입하는 꼴이 되고 말았다.

거대한 불꽃,
부마민주항쟁

우리들의 항쟁을 누가 짓밟는가.
우리들의 죽음을 누가 헛되이 짓뭉개는가.
우리들의 항쟁은
우리들의 죽음은
깨꽃보다 더한 짙은 피로
강력한 빛을 발하는 혁명으로 직결돼
역사의 장에 획을 그었지만
군부는 총칼을 휘둘러
깨꽃 혁명을 짓이겨 버렸다.
거대한 힘으로 자유를 쟁취한
우리들의 투쟁은
역사적, 민족사적 기념탑을 우뚝 세우기 전에
역사의 아이러니

더 강한 군부독재를 탄생시킨
쓰라린 결과를 맛보았다.

임수생의 시 〈거대한 불꽃, 부마민주항쟁〉의 일부다. 시의 내용 그대로다. 부마민주항쟁은 박정희 유신독재정권을 무너뜨리는 결정적인 도화선이 되었다. 1979년 10월 16일과 17일 부산 도심을 들끓게 만든 부산시민의 봉기는 철옹성을 자랑하던 유신체제의 심장에 꽂히는 비수였다. 정부는 부산 지역에 비상계엄을 선포하며 맞섰다. 하지만 시위는 인근지역 마산으로 번지며 더욱 격렬한 민중항쟁으로 발전하였다. 마산·창원에는 계엄령 대신 위수령이 발령되었다. 공수여단을 비롯한 군병력의 폭력적인 진압으로 시위의 불길은 일단 잠재울 수 있었다.

그렇다고 끝이 아니었다. 마산과 창원에 위수령이 발령된 지 채

1979년 10월 부마민주항쟁이 일어나자 부산에는 비상계엄이, 마산에는 위수령이 발령되었다.

일주일도 지나지 않아 10·26사건으로 박정희가 시해되면서 유신체제가 종언을 고한 것이다. 부마민주항쟁은 4·19혁명과 박정희 정권에서의 군부독재 반대투쟁을 이어받아 5·18광주민주화운동과 6월항쟁으로 그 맥을 이어주는 민주화 대장정의 중요한 봉우리임에 의심의 여지가 없다.

임수생의 시구가 비감한 것은 세상을 뒤집고 박정희의 정치생명을 끝장냈음에도 12·12군사반란으로 박정희나 진배없는 신군부 정권이 들어섰다는 회한 때문일 것이다. 다음해 광주시민을 총칼로 무참히 도륙내며 정권을 찬탈한 박정희의 후예들은 박정희보다 더 무도한 정치세력이었다.

유신체제의 심장에 꽂히는 비수

국민의 눈을 가리고 입에 재갈을 물린 채 유지되던 유신체제도 1970년대 말에 오면서 서서히 균열의 조짐을 보이기 시작했다. 학생운동이 기지개를 켜기 시작하고 재야세력은 민주통일국민연합을 결성해 박정희 정권 타도투쟁에 나섰다. 박정희는 1978년 7월 체육관 선거를 통해 다시 대통령직에 올랐으나, 이어 실시된 국회의원선거에서는 득표율에서 야당에 밀렸다.

한편 한국경제는 1978년 말부터 시작된 제2차 석유파동으로 심각한 위기에 빠져들었다. 중화학공업에 대한 과도한 중복투자로 위기가 심화하면서 중소기업이 큰 피해를 보고, 높은 물가상승률과 치솟는 부동산값 때문에 서민경제에 먹구름이 드리웠다. 1977년에 도입된 '부가가치세' 역시 소상공인과 서민의 반발을 불러일으켰다.

위기에 몰린 노동자들도 생존권 확보투쟁을 전개하기 시작하였다.

이러한 상황 속에서 1979년 8월 YH사건이 일어났다. YH무역 노동자들이 신민당사에서 농성을 벌이고, 이어 경찰이 진압하는 과정에서 노동자 김경숙이 사망하는 비극이 발생했다. 이어서 10월초 《뉴욕타임스》와의 기자회견을 빌미로 신민당 김영삼 총재의 의원직을 제명하는 폭거가 자행되었다. 이는 우리나라 헌정사에서 유일한 국회의원 제명 사건이다. 야당은 항의의 표시로 국회의원직 사퇴서를 제출하였다.

정국이 일촉즉발의 긴장감을 더해가는 가운데 당시 야도野都로 이름 높던 부산에서 학생시위가 발발하였다. 10월 15일의 데모 계획은 불발되었지만 다음날 본격적인 시위가 전개되었다. 이날 부산대학교 교정에 뿌려진 유인물은 학생들에게 이렇게 호소하고 있다.

> 소위 유신헌법을 보라! 그것은 법이 아니다. 그것은 국민을 위한 법이라기보다는 한 개인의 무모한 정치욕을 충족시키는 도구에 지나지 않는다. … 모든 정당한 비판과 오류의 시정을 요구하는 순수한 의지를 반민족적 행위 운운하면서 무참히 탄압하는 현정권의 유례없는 독재. 이러고도 우리 젊은 학도들은 작금에 벌어지고 있는 사회 문제에 방관만 하고 있을 것인가! … 청년학도여! 부디 식어가는 정열, 잊혀져가는 희미한 진실, 그리고 이성을 다시 한번 뜨겁게 정말 뜨거웁게 불태우세! 혼탁한 시대를 사는 젊은 지성인으로서의 사명감, 그리고 책임감으로 우리 모두 분연히 진리와 자유의 횃불을 밝혀야만 하네!

시위대의 숫자는 점점 불어났다. 5천여 명의 학생들은 대학 담벼락을 무너뜨리고 부산 중심가인 광복동 일대로 진출하였다. 소식을 들은 동아대학교와 고신대 학생들도 가두로 진출하였다. 저녁이 되자 학생들을 응원하던 시민들이 시위대에 합류하였다. 수만 명의 시민이 부영극장 앞 도로를 꽉 메웠다. 퇴근길의 회사원과 상인, 노동자까지 가세한 거대한 민중항쟁으로 발전한 것이다. 경공업 산업이 중심을 이루고 있던 부산과 경남 지역의 많은 업체가 위기에 몰리면서 민심이 크게 동요한 탓이다. 시민들은 부산 시내를 누비며 파출소를 공격하고 파출소에 걸려 있던 박정희 사진을 불태웠다. 다음날에도 시위는 계속되었다. 경찰이 최루탄을 쏘며 저지했지만 시위대는 저지선을 뚫고 파출소뿐 아니라 경남도청과 세무서를 비롯한 공공기관, KBS, 부산일보 같은 언론기관까지 공격하였다.

부마민주항쟁을 탄압하기 위한 불법 계엄령

경찰이 시위대를 제대로 막아내지 못하자 더 이상의 시위 확산을 용인하지 못하겠다는 듯이 정부는 18일 새벽 0시를 기해 부산 일원에 비상계엄을 선포하였다.

> 국무회의 심의를 거친 비상계엄 선포를 이에 공고한다.
> 대통령 박정희 인
> 1979년 10월 18일
> 대통령 공고 제65호 비상계엄 선포
> 부산시 일원에서 소요사태가 발생하여 중요한 공공시설의 파

괴 및 인적 피해 발생으로 시 일원의 치안질서가 극도로 교란되어 일반 행정기관만으로서는 사태 수습이 곤란하므로 즉시 군병력에 의하여 공공안녕질서를 유지하고 나아가 시민의 생명과 재산을 보호하기 위하여 다음과 같이 비상계엄을 선포한다.

1. 계엄의 종류: 비상계엄
2. 계엄지역: 부산시 일원
3. 시행일시: 1979년 10월 18일 00:00시
4. 계엄사령관: 육군군수사령관 육군중장 박찬긍

이 계엄에 대해 2016년 부산고등법원은 '군사상 필요성이 있었다고 인정할 아무런 자료가 없으므로 계엄법 요건을 충족하지 못한 상태에서 공포된 것이어서 위법·무효'라고 판시하였으며, 대법원 역시 '유신체제에 대한 국민적 저항인 부마민주항쟁을 탄압하기 위

부산에 비상계엄령이 선포되었음을 보도한 10월 18일자 《동아일보》 호외.

한 것이었을 뿐'이라고 규정하였다. 계엄 선포와 동시에 부산지구계 엄사령관은 다음과 같은 내용의 포고문을 발표하였다. 이에 따라 각 대학은 휴교에 들어가야 했으며, 착검한 계엄군이 시내 요처를 장악함으로써 시위는 일단 진정되었다.

> 1979년 10월 18일 0시를 기하여 아래 사항을 포고함.
> 1. 일체의 집회, 시위 기타 단체활동을 엄금한다. 단, 관혼상제와 의례적이고 비정치적인 행사의 경우는 예외로 한다.
> 2. 일체의 언론, 출판, 보도, 방송은 사전검열을 받아야 한다.
> 3. 각 대학은 당분간 휴교 조치한다.
> 4. 유언비어의 날조, 유포와 국론분열 언동을 엄금한다.
> 5. 정당한 이유 없는 직장이탈이나 태업행위를 엄금한다.
> 6. 야간통행금지는 22:00시부터 다음날 04:00시로 한다.
> 7. 위 포고를 위반한 자는 영장 없이 압수, 수색, 구속한다.
> 8. 시민의 정상적인 경제활동과 일상생업의 자유 및 외국인의 출입국, 국내여행 등 활동의 자유는 이를 최대한 보장한다.
>
> 1979년 10월 18일
> 부산지구계엄사령관 육군중장 박찬긍

부산에는 육군 공수부대 5천여 명이 투입되었다. 신속 강경한 진압작전을 펼친 계엄군은 진압봉이나 총 개머리판으로 시위대의 머리를 내려쳐 쓰러지고 실신하는 사람이 속출하였다. 장발을 했거나 젊은 청년이라는 이유만으로 붙들려가 수모를 당하는 경우도 많았다.

마산과 창원 일원에 위수령을 발동하다

하지만 사그라드는가 싶던 시위는 부산 인근 마산에서 다시 불타올랐다. 부산에 계엄령이 내린 다음날 경남대학교 학생을 필두로 학생과 시민이 합세해 마산 시내 중심지에서 격렬한 시위를 벌였다. 시위대는 민주공화당 당사, 파출소, 방송국을 파괴하였다. 19일에는 더욱 치열해져 마치 게릴라전을 보는 듯했다. 민중봉기로 발전한 시위에 고등학생은 물론 수출자유지역 노동자들까지 합세할 기미를 보였다.

이에 정부는 10월 20일 정오부터 마산과 창원 일원에 위수령을 발동하였다. 위수령 발령과 함께 부산에 배치돼 있던 공수부대가 마산 시내로 진주하였다. 해병대 병력도 군 트럭을 타고 마산 시내를 누볐다. 휴교령이 내린 경남대 캠퍼스에는 공수여단 본부가 설치되었다.

시위대는 대부분 몸을 피했지만 군인들은 마산 시내를 돌아다니며 시민을 불심검문하고 불응해 도망치는 사람을 붙잡아 무자비하게 구타하였다. 이런 무자비한 진압으로 사망자까지 발생하였다. 18일에 일을 나간 건설노동자 유치준씨가 변사체로 발견된 것이다. 그는 왼쪽 눈이 퉁퉁 붓고 코와 입에서 피를 흘린 채 죽어 있었다. 다음날 시내를 오가는 행인의 발걸음이 뜸해지고 상점가는 문을 닫았다.

박정희 정권은 부마민주항쟁 관련자를 간첩이나 폭도로 조작했으며 자백을 받아내기 위해 살인적인 고문을 가했다. 또한 사회적 불순분자의 소행으로 몰기 위해 특별수사부를 설치해 조직깡패 소탕작전을 벌였다. 짧은 기간 동안 시위가 벌어졌음에도 연행된 사람은 총 1,500여 명에 달했다. 그 가운데 87명이 군법회의에 회부되고 20명이 실형을 선고받았다. 부마민주항쟁 보고를 받은 박정희는 4·19를 거론하며 '자유당 때는 최인규나 곽영주가 발포명령을 내려 사형을 당했지만, 내가 직접 발포명령을 내리면 대통령인 나를 누가 사형시키겠느냐'라고 말했다고 한다. 그러자 곁에 있던 경호실장 차지철은 '신민당이 됐건 학생이 됐건 탱크로 밀어 캄보디아에서처럼 1, 2백만 명만 죽이면 조용해집니다'라고 한술 더 떴다는 이야기가 전한다.

부마민주항쟁은 정권의 철저한 언론통제로 부산과 마산 외부 지역에는 제대로 알려지지 못했다. 하지만 이 사건이 기폭제가 되어 박정희 정권 실세들 사이에 내분이 일어나고, 결국 박정희는 자신의 심복이었던 중앙정보부장 김재규의 손에 의해 술내음 진동하던 궁

부마민주항쟁이 도화선이 되어 박정희는 심복이었던 중앙정보부장 김재규에게 시해되었다.

박정희를 살해한 김재규 등의 재판 장면.

정동 안가에서 유명을 달리하였다. 부산 지역에 내린 계엄은 10·26 박정희 시해사건 때 전국에 발령된 계엄과 연계되어 다음해까지 계속 시행되었다.

신군부의 내란을 불러온
10·26계엄 그후

심복의 손에 죽음을 맞은 절대권력자의 말로

18년 동안 무소불위의 권력을 휘두르며 국민 위에 군림하던 박정희 대통령이 1979년 10월 26일 세상을 떠났다. 부마민주항쟁으로 부산에 계엄령이 발령되고 연이어 마산에 위수령이 내린 지 엿새 만이었다. 박정희는 자신의 심복 중의 심복이었던 중앙정보부장 김재규의 손에 죽음을 맞았다. 절대권력자의 죽음 치고는 참으로 비참한 말로였다.

박정희가 죽고 밤 사이에 비상계엄이 선포되었다. 국무총리로서 대통령 권한대행 노릇을 하던 최규하가 유신헌법에 따른 보궐선거에서 후임 대통령으로 선출되었다. 대통령 유고시 3개월 이내에 통일주체국민회의에서 후임 대통령을 선출하도록 당시 헌법은 규정하고 있었다. 최규하는 잔여임기를 다 채우지 않고 민주헌법을 제정해 권력을 이양하겠다고 약속했다. 최규하의 대통령 취임과 함께 긴급조치 9호가 해제되었다. 많은 국민은 드디어 유신체제가 끝나고 민주화의 봄이 도래할 것이라는 희망에 부풀었다. 하지만 며칠 후인 12월 12일 서울 도심에서 요란한 총소리가 울려 퍼졌다. 유신체제를 떠받치며 비대해진 군부 내의 강경파와 온건파가 충돌한 것이다. 권력의 공백을 틈타 세력을 키운 전두환 보안사령관을 위시한 신군부는 정승화 계엄사령관을 체포하는 하극상을 벌였다. 12·12군사반란을 통해 군부 실세로 등장한 신군부는 정치 전면에 나서는 것은 삼간 채 내각의 개편에 개입하는 등 차근차근 권력의 핵심을 장악해갔다.

국민이 군부의 재등장을 원하기 않았기 때문에 신군부의 집권 장악은 그리 녹록한 게 아니었다. 명분이 필요했던 그들은 1980년 봄의 민주화 열기를 '정치인, 학생, 노동자들의 무책임한 경거망동'으로 몰아붙였다. 그리고 '사회 혼란에 따른 북한의 남침 위기에 대비'한다며 비상계엄 전국 확대와 국회 해산 카드를 꺼내 들었다. 또 한 번의 군사쿠데타였다.

비상계엄 확대 조치와 함께 탱크를 앞세운 군병력이 주요도시에 진주하였다. 시위의 거점 역할을 하던 대학과 주요 언론기관 등이 군에 장악되면서 또다시 입도 뻥긋할 수 없는 야만의 시대가 찾아왔다. 하지만 광주는 달랐다. 광주 시민은 계엄이 발령된 5월 18일 오전부터 27일까지 계엄군에 맞서 싸웠다. 쿠데타 세력은 무자비한 유혈참극을 벌이고서야 광주시민의 항쟁을 잠재울 수 있었다.

대통령 유고는 전시에 준하는 국가비상사태?

박정희의 철권통치에 맞선 부마민주항쟁은 집권층 내부의 갈등을 야기하였다. 박정희 정권은 1970년대 후반으로 가면서 점점 더 폭압적인 강경노선으로 치달았다. 당시는 정권의 2인자 자리를 두고 경호실장 차지철과 중앙정보부장 김재규가 경쟁하는 구도였다. 박정희가 차지철 쪽으로 기울면서 부마민주항쟁의 진압 방식에서도 강경파인 차지철의 노선이 채택되었다.

차지철의 월권과 안하무인 태도에 분개한 김재규는 10월 26일 저녁 박정희와 차지철을 살해하였다. 대통령 안가인 궁정동 밀실에서 연회를 벌이던 중이었다. 김재규는 부마민주항쟁 발발과 야당의 공세에 제대로 대응하지 못한 책임을 중앙정보부의 무능 탓으로 돌리는 차지철과 박정희에 분개하였다.

김재규는 육군참모총장 정승화를 옆 건물로 불러 박정희 시해 이후의 사후대책을 나름대로 준비하였지만, 그가 박정희 살해범이라는 사실이 알려지면서 전두환이 통솔하는 보안사령부에 체포되었다. 박정희 대통령의 서거 사실을 알게 된 정부는 다음날 새벽 국무회의를 개최해 최규하 대통령 권한대행의 명의로 비상계엄령을 선포했다. 계엄사령관에는 정승화 육군참모총장이 임명되었다.

> 국무회의의 심의를 거쳐 비상계엄을 공고한다.
> 대통령 권한대행 최규하 인
> 1979년 10월 27일
> 대통령 공고 제65호 비상계엄 선포

대통령의 유고로 대한민국의 안전보장과 사회질서 그리고 국내 치안유지를 도모하기 위하여 다음과 같이 비상계엄을 선포한다.
1. 계엄의 종류: 비상계엄
2. 계엄지역: 전국 일원(단, 제주도 제외)
3. 시행일시: 1979년 10월 27일 04:00시
4. 계엄사령관: 육군참모총장

외무관료 출신으로 대통령 권한대행 자리에 오른 최규하는 한 치 앞도 내다볼 수 없는 정국에 큰 부담을 느꼈다. 그래서 자신의 정치적 부담을 줄이기 위해 제주도를 제외하고 계엄을 선포하였다. 제주도를 포함하면 전국계엄이 되므로 당시의 계엄법 제9조에 따라 계엄사령관은 대통령의 지휘감독을 받아야 했다. 그런데 제주도를 제외함으로써 부분계엄이 되어 국방부장관에게 지휘감독의 책임이 돌아갔다. 결국 최규하 권한대행 스스로 군 통제권을 포기했다는 의미다. 정승화 계엄사령관은 계엄 발령과 함께 다음과 같은 내용의 계엄포고를 발표하였다.

계엄포고 제1호
국가의 안전과 공공의 안전질서를 확립하고 국민의 생명과 재산을 보호하기 위하여 다음 사항을 포고한다.
1. 일체의 옥내외 집회는 허가를 받아야 하며 시위 등 단체활동은 금한다.
2. 언론, 출판, 보도는 사전에 검열을 받아야 한다.

3. 야간 통행금지는 밤 22:00부터 다음날 04:00까지로 한다.
4. 정당한 사유 없이 직장이탈 및 태업행위를 금한다.
5. 유언비어의 날조 및 유포행위를 금한다.
6. 항만 및 공항의 출입은 검열을 받아야 한다.
7. 모든 대학(전문대학 포함)은 별도의 명령이 있을 때까지 휴교 조치한다.
8. 일체의 집단적 난동소요 및 기타 범법행위를 금한다.
9. 주한 외국인의 활동은 이를 보장한다. 상기 포고를 위반한 자는 영장 없이 체포, 구금, 수색하며 엄중 처단한다.

1979년 10월 27일
계엄사령관 육군대장 정승화

신군부 정권 찬탈의 서막, 12·12군사반란

10·26 이후 자연스레 권력의 중심은 계엄사령부로 이동하였다. 하지만 실세는 계엄사령관이 아니었다. 계엄사령부 합동수사본부장으로 10·26 수사의 총책임자였던 전두환 보안사령관이 권력의 핵심으로 급부상하였다. 국방부장관 노재현은 전두환 편에 섰다. 엉겁결에 대통령 자리에 오른 최규하는 정국을 주도할 힘도 의지도 없었다.

12월 12일 전두환을 정점으로 하는 군부 강경파는 육군참모총장 공관으로 쳐들어가 정승화 계엄사령관을 체포하였다. 정승화가 박정희 대통령을 시해한 김재규와 사전모의한 혐의가 있다는 이유였다. 하지만 정승화는 김재규에 이용될 뻔하기는 했어도 사전모의하지는 않았다. 계엄사령관인 정승화 육군참모총장이 자신들의 상

12·12군사반란에는 9사단처럼 최전방 부대를 포함한 많은 부대가 동원되었다.

관이므로 지휘명령 체계에 의해 그를 강제 출석시킬 방법은 없었다. 이들은 대통령의 재가나 사전 구속영장 없이 무장한 헌병대를 보내 총격을 가하는 불법 하극상을 벌였다. 신군부는 자신들의 군사반란을 정당화하기 위해 최규하 대통령을 협박해 대통령의 사후재가를 받아냈다.

12·12군사반란은 이들 신군부에 의한 정권 찬탈의 서막이었다. 이들은 이날 육군참모총장 공관으로만 군대를 보낸 게 아니었다. 진압군이 출동할 것에 대비해 공수여단, 수경사 헌병단, 9사단, 30사단, 제2기갑여단 등 수도권의 많은 부대를 움직였다. 서울 주변 병력의 70~80퍼센트가 반란세력에 가담했다는 분석도 있다. 이들은 9

사단처럼 최전방 부대까지 동원했다. 대통령의 서거로 정국이 어지러워 북한의 남침 위기론이 팽배하던 시기였다. 이러한 때에 한미연합군사령관의 사전 동의를 받아야 이동이 가능한 최전방 부대를 움직인 것은 정말 미친 짓이었다. 9사단장 노태우는 이때의 무단 병력 동원으로 신군부 내에서 전두환에 이은 2인자 자리에 오르게 된다. 신군부는 이런 무모한 군사반란을 통해 진압군을 무력화시키고 군권을 완전 장악하였다.

이들이 전광석화처럼 반란을 성공시킬 수 있었던 것은 하나회라는 사조직 때문이었다. 전두환의 동기생인 육사 11기 중심으로 시작된 하나회는 독버섯처럼 자라나 군부 내의 요직을 독차지하고 있었다. 당시 신군부에 맞서던 특전사령부와 수경사령부도 사령관을 제외한 주요 보직에는 하나회가 들어앉아 있었다. 하나회가 실질적으로 군을 장악하고 있던데다 정보력이 국군보안사령부로 집중된 것도 성공의 원인이었다. 대통령경호실과 중앙정보부의 정보 기능이 약화하면서 계엄사령부 합동수사본부장이던 전두환이 특별한 견제 없이 모든 정보기관을 통제할 수 있었던 것이다. 하나회는 1993년 김영삼 대통령 시대에 가서야 군 요직에서 밀려났다.

10·26사건이 일어나자 민주화를 열망하는 국민의 목소리가 터져 나오기 시작했다. 최규하는 빠른 시간 안에 헌법을 개정하겠다는 특별담화를 발표해 국민의 여망에 부응하는 듯했다. 긴급조치 9호가 해제되고 긴급조치로 구속된 사람들은 석방되었다. 하지만 12·12군사반란으로 국정이 더욱 혼미해지면서 언제 유신헌법이 폐지될지, 계엄령은 언제 해제될지 알 수 없는 안개정국이 계속되었다.

정부는 대통령의 유고有故 상황을 '전시, 사변에 준하는 국가비상사태'로 규정해 계엄을 발령하였지만, 계엄법에 의하면 '비상계엄은 전쟁 또는 전쟁에 준할 사변에 있어서 적의 포위공격으로 인하여 사회질서가 극도로 교란된 지역에 선포'하는 것이다. 10·26 이후 북한의 침공이 없었을뿐더러 사회질서 교란 상황도 발생하지 않았다. 더구나 최규하 대통령이 취임했기 때문에 비상계엄이 유지될 이유는 더욱 없었다.

서울의 봄과 신군부의 정치공작

이런 속에서 1980년 3월이 되었다. 개학을 맞은 대학가는 한순간에 민주화 열풍에 휩싸였다. 학생회기 부활하고 학원 민주화 투쟁이 시작되었다. 4월 하순부터는 학내 문제를 넘어 계엄 해제, 전두환 퇴진 등 정치현안으로 이슈가 확장되었다. 교수들도 민주화 요구에 동참하였다. 대학 내에서 진행되던 시위는 5월 14일 가두시위로 발전하였다. 다음날에는 가두시위가 절정을 이루어 서울 시내 각지를 행진하다 서울역에 모인 학생과 시민 시위대가 십만 명에 달했다. 밤늦게까지 치열한 시위가 벌어졌는데 광화문을 비롯한 서울 시내 요처에는 탱크를 앞세운 계엄군이 이미 진주해 있었다. 이날 밤 학생운동 지도부는 시위대의 해산을 결정하였다. 서울의 봄을 허망하게 만든 이날의 '서울역 회군'은 두고두고 비판의 도마 위에 오르게 된다.

국회는 학생과 시민의 요구에 호응하였다. 5월 15일 국회 헌법개정특별심의위원회는 대통령직선제 개헌안에 합의하고, 임시국회를 열어 개헌안의 정부 이송과 비상계엄 해제 문제를 논의하기로 하였다. 계엄을 해제해 더 이상의 군부 개입을 막고 유신체제를 종식함으로써 민주화로 나아갈 생각이었다. 여야가 국회 소집에 합의한 이상 국회가 열리면 계엄이 해제될 것은 예정된 수순이었다.

한편 정치 전면에 나설 상황을 엿보던 신군부는 정권 장악을 위한 움직임을 하나하나 밟아나가고 있었다. 그들은 1980년 2월 보안사에 언론반을 설치해 군부의 정치 참여를 정당화하고 민주화운동을 폄훼하는 공작을 펼치기 시작했다. 전두환은 스스로 육군중장으로 진급하면서 최규하 대통령을 압박해 중앙정보부장 서리를 겸직하게 된다. 명실공히 국내 모든 정보기관이 그의 손아귀에 들어간 것이다.

5월 초 신군부는 비상계엄 전국 확대, 국회 해산, 국가보위비상대책위원회 설치를 핵심으로 하는 시국수습방안을 마련했다. 그들은 학생 시위를 '불순분자의 책동'으로 몰아가며 북한의 남침 위협설까지 유포하였다. 중앙정보부가 기획 작성한 '북괴남침설'은 신군부의 시국수습방안 실행에 명분을 제공해주었다.

1980년 5월 14일부터 16일까지 옛 전남도청 분수대에서 열린 '민족민주화대성회'.

국정 장악을 위해 비상계엄 전국 확대

5월 17일 밤 내각과 청와대 수석비서관들이 참석한 확대국무회의가 열렸다. 중앙청 회의실 밖에는 무장군인들이 줄지어 늘어서 있었다. 공포 분위기 속에서 단 8분 만에 비상계엄 전국 확대가 의결되었다. 곧이어 최규하 대통령이 이날 밤 자정을 기해 비상계엄을 전국으로 확대한다고 발표하였다. 계엄사령관 이희성은 정승화를 밀어낸 신군부에 의해 그 자리에 오른 사람이었다. 대통령과 계엄사령관 모두 꼭두각시에 불과했기에 실권을 쥔 신군부는 비상계엄 전국 확대를 빌미로 국정 장악 실력행사에 들어갔다.

> 국무회의의 심의를 거쳐 비상계엄을 선포한다.
> 대통령 최규하 인
> 1980년 5월 17일
> 대통령 공고 제68호 비상계엄 선포
> 1979년 10월 27일 04:00시를 기하여 제주도를 제외한 전국 일원에 비상계엄을 선포하였는바, 최근 북괴의 동태와 전국적으로 확대된 소요사태 등으로 전국 일원이 비상사태 하에 있으므로 국가안전보장과 사회질서를 유지하기 위하여 1980년 5월 17일 24:00시를 기하여 비상계엄 선포지역을 전국 일원으로 변경하여 선포한다.
> 1. 계엄의 종류: 비상계엄
> 2. 시행지역: 전국 일원
> 3. 시행시기: 1980년 5월 17일 24:00시부터 평상 상태로 회

복시까지
4. 계엄사령관: 육군참모총장 육군대장 이희성

정부는 '북괴의 동태와 전국적으로 확대된 소요사태'를 비상계엄 확대의 이유로 들고 있다. 하지만 10·26사건으로 선포된 계엄조차 계엄 요건에 부합하지 않아 해제를 요구받고 있는 상황이었다. 신군부는 국정을 장악하기 위한 수단으로 계엄을 이용하였다. 그들은 국회를 해산하고 입법, 행정, 사법 모두를 통제하는 비상기구를 설치 운영할 계획이었다. 군이 나서 국정을 장악하기 위해서는 한층 강화된 전국계엄이 효율적이라고 그들은 판단했다. 이 같은 행위는 국헌문란에 해당한다는 게 나중에 내린 법원의 판단이었다. 계엄 발령과 동시에 다음과 같은 내용의 계엄포고 제10호가 선포되었다.

1. 1979년 10월 27일에 선포한 비상계엄이 계엄법 제8조 규정에 의하여 1980년 5월 17일 24시를 기하여 그 시행지역을 대한민국 전 지역으로 변경함에 따라 현재 발효중인 포고를 다음과 같이 변경한다.
2. 국가의 안전보장과 공공의 안녕질서를 유지하기 위하여
가. 모든 정치활동을 중지하며 정치목적의 옥내외 집회 및 시위를 일절 금한다. 정치활동 목적이 아닌 옥내외 집회는 신고를 하여야 한다. 단 관혼상제와 의례적인 비정치적 순수 종교 행사의 경우는 예외로 하되 정치적 발언은 일절 불허한다.
나. 언론, 출판, 보도 및 방송은 사전검열을 받아야 한다.
다. 각 대학(전문대학 포함)은 당분간 휴교 조치한다.

> # 경 고 문
>
> 친애하는 시민 여러분!
> 일부 고첩과 불순 분자들이 여러분의 대열에
> 끼어 폭도화하고 있으므로 부득이 소탕전을
> 실시하지 않을 수 없으며, 따라서 아래와
> 같이 경고합니다.
>
> - 선량한 시민들은 폭도화한 데모 군중으로부터
>   이탈하여 조속히 가정및 직장으로 돌아가십시오.
> - 무기, 탄약, 폭발물을 소지한 자는 폭도로 오인
>   되니 소지를 단념하고 즉시 해산하십시오.
> - 본의 아니게 시위에 가담했던 선량한 시민들은
>   이미 차진 해산, 질서를 회복하고 있읍니다.
>
> # 계엄사령관 육군대장 이 희 성

광주시민을 불순분자로 매도하고 소탕전을 벌이겠다는 계엄사령관의 경고문.

라. 정당한 이유 없는 직장 이탈이나 태업 및 파업행위를 일절 금한다.

마. 유언비어의 날조 및 유포를 금한다. 유언비어가 아닐지라도

① 전현직 국가원수를 모독 비방하는 행위

② 북괴와 동일한 주장 및 용어를 사용, 선동하는 행위

③ 공공집회에서 목적 이외의 선동적 발언 및 질서를 문란시키는 행위를 일절 불허한다.

바. 국민의 일상생활과 정상적 경제활동의 자유는 보장한다.
사. 외국인의 출입국과 국내여행 등 활동의 자유는 최대한 보장한다. 본 포고를 위반한 자는 영장 없이 체포, 구금, 수색하며 엄중 처단한다.
1980년 5월 17일
계엄사령관 육군대장 이희성

5·18민중항쟁 진압 행위는 국헌문란

비상계엄 확대 조치는 국회에 통보하는 절차를 거치기는커녕 국회를 봉쇄한 상태에서 시행되었다. 18일 새벽 2시경 무장한 계엄군이 전차까지 동원해 국회를 점거 봉쇄하였다. 국회가 계엄 해제를 의결하지 못하도록 하기 위해서였다. 일부 정치인이 체포되고 국회의원의 국회 출입이 저지되면서 정치활동이 전면 중단되는 식물국회 상태가 만들어졌다.

계엄 확대 선포 이전에 이미 계엄군은 전국의 주요 거점을 장악하기 시작했다. 다음날 새벽 2시경에는 주요 대학과 정당 당사, 언론기관, 공공기관이 군에 접수되었다. 대학에 휴교령이 내리고, 언론보도는 계엄사 보도검열단의 사전검열을 받아야 했다. 계엄이 선포되던 밤부터 정치인 김대중을 비롯해 사전 수배령이 떨어진 수백 명이 체포되었다. 김대중은 간첩으로 몰려 사형선고까지 받았다.

계엄군이 진주한 뒤에도 시민, 학생의 시위가 산발적으로 벌어졌으나 조직력을 갖추지 못한 속에서 계엄군의 무자비한 진압에 금세 잦아들었다. 세상은 쥐 죽은 듯 조용해졌다.

외부로 통하는 길을 차단한 계엄군. 5·18 항쟁기간 동안 광주는 고립된 섬이 되었다.

하지만 광주는 달랐다. 5월 18일 아침 전남대학교 정문에서 등교 중이던 학생과 계엄군 사이에 충돌이 발생했다. 출입통제에 항의하는 학생들을 향해 계엄군이 곤봉을 휘두르며 진압을 시도했다. 밀려난 학생들은 광주역으로 집결하였다. 군의 무차별 진압작전에 분개한 시민들이 시위에 가담하기 시작했다. 시민봉기로 전환되는 과정에서 계엄군이 발포해 사망자가 발생하면서 시위는 더욱 치열해졌다. 마침내 계엄군을 광주 밖으로 몰아내고 며칠 동안 시민자치가 시행되었다. 하지만 27일 새벽 최후의 저항거점인 전남도청이 계엄군에 점령됨으로써 항쟁은 막을 내리고 말았다. 확인된 사망자만 2백여 명에 이르니 얼마나 처절한 항쟁이었는지 알 수 있다.

5·17쿠데타는 신군부 반란세력의 승리로 끝났다. 광주민중항쟁을 무력으로 진압한 전두환과 신군부는 국가보위비상대책위원회를

광주민중항쟁 진압작전에 동원된 계엄군 탱크 부대.

설치해 모든 정치권력을 장악하였다. 이후 신군부의 하야 압박을 받은 최규하는 1980년 8월 대통령직에서 물러났다. 대신 전두환이 최규하의 뒤를 이어 대통령 자리에 올랐다. 이후 멋대로 헌법을 뜯어고쳐 국회마저 해산한 전두환은 다음해 2월 대통령선거인단 제도를 통해 다시 대통령에 취임하였다. 쿠데타에 참여한 신군부 세력도 저마다 정부와 군의 요직을 차지하였다.

1980년 8월의 계엄포고 제13호로 시행된 삼청교육대는 당시 신군부의 폭력성을 적나라하게 보여준다. 사회악을 일소하고 치안을 개선한다며 전과자와 불량배 등을 마구잡이로 잡아들여 군사재판에 회부하고 '순화교육'이라는 것을 시켰다. 잡혀들어가 곤욕을 치른 사람만 6만 명이 넘는다. 이들 가운데 절반 이상이 무고한 일반인이거나 초범이었다. 얼마나 반인권적 조치였는지 알 수 있다.

반란죄, 내란죄로 처벌받은 쿠데타 주도세력

10·26사건과 함께 발령되고 다음해 5월 제주도를 포함한 전국으로 확대 시행된 비상계엄은 1981년 1월 해제되었다. 하지만 이로써 일련의 사태가 해결된 것은 아니다. 문민정부 시절에 와서 전두환과 노태우 등이 12·12와 5·17군사쿠데타의 주동자로 체포된 것이다. 이들의 내란 행위는 12·12군사반란에서 시작되어 종국적으로 5·17 및 5·18민주화운동에 대한 무력 진압으로 성립되었다 할 수 있다.

쿠데타 주도세력은 반란수괴, 반란모의참여, 내란수괴, 내란중요임무종사 등의 죄목으로 기소되어 재판을 받았다. 대법원은 1997년 '헌법에 정한 민주적 절차에 의하지 아니하고 폭력에 의하여 헌법기관의 권능행사를 불가능하게 하거나 정권을 장악하는 행위는 어떠한 경우에도 용인될 수 없다'며, 12·12는 군형법상 반란죄, 5·18

1980년 6월 5일에 열린 국가보위비상대책위원회 발족식. 현판 바로 왼쪽이 국보위 상임위원장 전두환.

내란 과정에서의 비상계엄 전국 확대는 내란죄에 해당한다고 판시하였다. '헌법에 정한 민주적 절차'란 선거 또는 투표를 가리킨다. 한 걸음 나아가 비상계엄 확대조치는 국헌문란의 목적을 가진 자들이 목적 달성의 수단으로 이용한 내란죄의 폭동에 해당하고, 이에 항의한 광주시민의 시위는 헌정질서를 수호하기 위한 정당한 행위이므로 시위진압 행위가 국헌문란에 해당한다고 규정하였다.

성공한 쿠데타는 처벌하지 않는다는 말이 있다. 전에는 우리나라 사법부에서 통치행위는 '고도의 정치적 결단'이라며 사법심사의 대상이 되지 않는다는 입장이 주류였다. 하지만 이 판결을 계기로 '비상계엄의 선포나 확대가 국헌문란의 목적을 달성하기 위하여 행하여진 경우에는 법원은 그 자체가 범죄행위에 해당하는지의 여부에 관하여 심사할 수 있다'며 계엄을 비롯한 국가긴급권의 남용에 경종을 울렸다.

헌법재판소 역시 전두환이 두 차례 대통령으로 당선되고 헌법개정안이 국민투표에 의해 통과되었다 할지라도 진상이 은폐되고 계엄령 하의 강압적인 분위기에서 이루어진 것이라서 국민이 내란행위를 승인한 것이라고는 볼 수 없다고 판결하였다. 노태우가 대통령으로 당선된 것도 내란행위에 의해 창출된 제5공화국이 국민의 저항으로 더 이상 유지되지 못하고 새로운 헌법질서로 이행하는 과정에서 진상이 정확히 규명되지 않은 채 이루어진 것에 불과하다고 판단했다.

1심에서 전두환은 사형, 노태우는 징역 22년 6개월을 선고받았다. 항소심에서는 감형이 이루어져 전두환은 무기징역, 노태우는 징역 17년이 되었다. 이들은 수천억 원의 뇌물 수수 및 불법 비자금을 조성해 국민의 공분을 샀다. 법원은 이들에게 고액의 추징금을 함께 부과하였다. 노태우는 전액을 납부하였지만 전두환은 천억 원 가까운 돈을 체납한 채 사망하였다.

대한국민의 신임을 배반한
대통령의 계엄놀이

삼류 막장 정치 드라마로 끝난 12·3계엄의 해프닝

한밤의 해프닝. 어설프기 짝이 없던 현직 대통령의 계엄놀이는 계엄 선포 6시간 만에 국민의 밤잠만 설치게 한 채 삼류 막장 정치 드라마로 막을 내렸다. 2024년 12월 3일 밤, 난데없이 텔레비전에 나타난 윤석열 대통령은 격렬한 어조로 국회가 '입법독재'를 통해 '헌정질서를 짓밟고' '내란을 획책하는' '범죄자 집단의 소굴'이 되었다고 공격하였다. 국민은 무슨 영문인지 어안이 벙벙하였다. 그러더니 '파렴치한 종북 반국가 세력을 일거에 척결하고 자유헌정 질서를 지키기 위해 비상계엄을 선포'한다고 말을 이었다. 믿기지 않는 텔레비전 화면을 마주한 다수의 국민은 딥페이크 영상 아니냐며 반신반의하였다.

조금 있자니 국회로 날아가는 헬리콥터의 프로펠러 소리가 들리고 국회 운동장에 계엄군이 모습을 드러냈다. 국회로 달려간 시민들이 계엄군을 막아서면서 국회 안팎에서 공방전이 벌어졌다. 일촉즉발의 위기 속에서 담장을 넘어 국회로 들어간 국회의원들은 본회의를 열고 다음날 새벽 1시, 출석한 여야 의원 190명 전원의 찬성으로 계엄 해제 요구안을 의결하였다. 계엄이 해제되기까지는 이로부터 3시간 반이 더 걸렸다. 국민은 2차 계엄이 발령되는 것 아닌가 우려하며 뜬눈으로 밤을 지새워야 했다.

아무런 명분이 없고 발령 요건에 맞지 않는 계엄을 두고 보수 언론을 대표하는 《조선일보》조차 '국가망신'이라며 비판하였고, 조갑제 같은 극우 논객도 '미친' '극우와는 차원이 다른 더 저질의 정신 상태'라고 일갈하였다. 윤석열은 국회에 의해 탄핵소추되고 내린 죄로 구속되는 운명이 되었다. 궁지에 몰린 윤석열은 '야당의 폭주'에 대한 경고성 계엄이라고 변명했다. 하지만 그는 군경을 동원해

12월 3일 자정 무렵 국회 봉쇄를 위해 국회로 출동한 계엄군.

국회와 중앙선거관리위원회 등을 봉쇄 공격했으며, 국회의장과 여야 당대표를 비롯한 인사들을 체포 수감하려 하였다. 무지하고 전근대적인 정치의식을 갖고 있다고 용서될 수 있는 사안이 아닐뿐더러, 2017년 국정농단으로 탄핵된 박근혜 대통령과 비교할 때 그 죄질이 훨씬 무거운 명백한 내란 행위였다.

헌법재판소는 '헌법 수호의 책무를 저버리고 민주공화국의 주권자인 대한국민의 신임을 중대하게 배반하였다'며 '헌법과 법률을 위배'한 윤석열 대통령을 대통령직에서 파면하였다. '대한민국은 민주공화국이다'라는 대한민국 헌법 제1조 제1항을 정면으로 위배했다는 것이다. 자신에게 불어닥친 정치적 위기를 군대의 총칼로 해결하려고 했던 윤석열의 도박은 결국 정치적 자살이 되고 말았다. 이로써 2025년 4월, 윤석열정부는 출범한 지 채 3년이 못되어 막을 내렸다.

여의도로 진입한 계엄군 차량을 막아선 시민들.

'비상대권을 통해 헤쳐 나가는 길밖에 없다'

2022년 대통령선거에서 당선된 윤석열은 취임 초부터 지지율 하락으로 큰 곤욕을 치렀다. 취임 2개월 만에 부정평가가 긍정평가의 2배를 넘는 레임덕 현상이 나타난 것이다. 2024년 4월의 국회의원선거 역시 여당의 참패로 귀결되었으며, 보수층의 부정평가가 높아지는 등 상황은 개선되지 않았다.

윤석열에게 지지를 보낸 국민은 그가 외치던 '공정과 상식'을 믿었다. 그런 그의 모습은 연이어 터진 부인을 비롯한 대통령 가족 비리 의혹으로 빛이 바랬다. 문제가 많은 인물을 국회의 반대를 무릅쓰고 연이어 장차관 자리에 임명하는가 하면, 자신과 가까운 검사 출신을 어울리지 않는 요직에 대거 임명함으로써 검찰공화국이라는 오명을 자초하였다. 이태원참사, 해병대 장병 사망사건, 맹목적인 친일 행보, 새만금 세계 잼버리대회 조기 폐막, 2030 엑스포 유치 실패 등에서 윤석열 정부가 보여준 무능과 위기관리 능력 및 역사 인식의 부재는 국민의 반발을 더욱 부채질하였다.

그런데도 통합의 행보를 보이기는커녕 비판적인 보도를 '가짜뉴스'라고 매도하며 언론 장악에만 혈안이 되었다. 또한 대통령선거에서 자신과 겨룬 야당 대표와 전 정부 인사, 진보세력에 대한 탄압과 정치보복에 몰두하였다. 윤석열정부는 야당과 진보진영에 대한 탄압을 통해 정치적 위기에서 벗어나려 하였다. 이런 속에서 대통령 부인의 주가 조작 의혹, 양평고속도로 처가 특혜 의혹, 대통령 부인 명품백 수수 의혹이 연거푸 터져 나왔다. 야당은 대통령 부인 김건희 특검법을 추진하고, 윤석열 대통령은 거부권 행사에 급급하였다.

야당과의 갈등의 골은 점점 깊어졌다. 윤석열 대통령은 관행을 깨며 정기국회 개원식에 불참하고, 야당은 예산 삭감으로 맞섰다. 여기에 더해 대통령과 대통령 부인 김건희가 국민의힘 국회의원 공천에 개입했다는 이른바 명태균 게이트가 터졌다. 스모킹건이 될 녹음파일을 쥐고 있던 당사자 명태균이 추가 폭로를 예고하면서 윤석열 정부는 더욱 코너로 몰리는 상황이 되었다.

이런 정치적 흐름을 되짚어보면 어느 날 갑자기 계엄이 선포된 것이 아님을 알 수 있다. 총선을 앞둔 2024년 3월경 윤석열은 삼청동 대통령 안가에서 김용현 경호처장, 신원식 국방부장관, 여인형 국군방첩사령관 등을 모아놓고 시국이 걱정된다며 '비상대권을 통해 헤쳐 나가는 것밖에는 방법이 없다'고 말했다. 이 무렵 방첩사가 한미연합훈련 기간에 '계엄 예비훈련'을 진행했다는 이야기도 전한다. 더 소급하자면 군부 내 계엄 실행의 주역을 맡았던 여인형 국군방첩사령관, 이진우 수도방위사령관, 곽종근 육군특수전사령관, 문상호 정보사령관이 새롭게 임명된 2023년 11월 무렵 이미 계엄의 포석이 깔린 것으로 보인다. 김용현 경호처장은 이들 네 명의 사령관과 수시로 회동했으며, 2024년 6월 윤석열과 함께한 저녁식사 자리에서 이들 네 사령관을 가리켜 '대통령께 충성을 다하는 장군들'이라고 치켜세웠다.

국민의 목숨을 담보로 한 무모한 도박

4월 총선에서 참패하며 윤석열은 계엄 준비에 보다 박차를 가하게 된다. 비상대권과 비상조치를 언급하며 수차례 군불을 때던 그는 자신의 충암고 선배인 김용현을 9월 들어 국방부장관에 전격 임명하였다. 안보 휴가중 윤석열은 군부대를 방문해 특전사 707특임단 부사관들과 함께 골프를 쳤다. 707특임단이 계엄 발령시 제일 먼저 국회에 들어간 부대인만큼, 이 역시 이들을 포섭해 계엄을 성공시키기 위한 치밀한 계산의 하나였을 것이다.

북한의 공격을 유도해 계엄의 빌미로 삼으려던 북풍 공작의 징후도 포착되었다. 윤석열정부는 9·19 군사합의의 효력을 정지시키고 NLL 인근의 서해 해상에서 사격훈련을 실시하였다. 다행히 북의 무대응으로 사건이 확장되지는 않았다. 북한 외무성은 10월에 발표한 '중대 성명'에서 우리 군의 무인기가 세 차례 북한 상공을 침범해 대북전단을 살포했다며 보복 행동에 나설 수 있다고 경고했다. 북한이 남쪽으로 띄워 보낸 오물풍선의 원점을 타격하라는 국방부장관의 지시가 있었다는 첩보도 있다. 내란을 사전 모의한 주요인물의 하나인 노상원 전 정보사령관의 수첩에서는 'NLL 인근 대규모 실사격 훈련' '북방한계선 북 도발 유도' '오물풍선' 같은 메모가 발견되었다. 여러 정황으로 미루어 윤석열정부는 비상계엄 선포 요건을 만들기 위해 북한과 국지전을 벌이려 했다는 비판에서 자유로울 수 없다. 국민의 목숨을 담보로 한 무모한 도박으로 형법상의 외환죄에 해당한다.

노상원의 수첩에서는 '여의도 30~50명 수거' '언론 쪽 100~200명' 같은 문구를 비롯해 '민노총' '민변' '어용판사' 등 5백여 명을 '1차 수집'한다는 체포 계획까지 발견되었다. '수거 대상'을 '사살'한다는 의미의 표현도 확인되었다. 김용현 국방부장관의 발탁에 의해 계엄 실세로 암약한 노상원은 계엄 당일까지 방첩사 간부들과 '롯데

리아 회동'을 가지며 중앙선거관리위원회 침탈, 합동수사본부 제2수사단 구성 등을 모의하였다.

　조심스럽게 계엄 준비가 진행되는 동안 야당 일각에서 계엄령 발령 의혹을 제기하였다. 대통령실과 국방부 등은 '정치 선동'이라며 일축하였다. 명태균 게이트와 관련된 텔레그램 및 녹취 자료가 공개되면서 10월 하순부터 전국 각지에서 윤석열의 퇴진을 촉구하는 시국선언이 이어졌다. 대통령 탄핵을 촉구하는 집회에는 수십만 인파가 모였다. 하락세를 보이던 국정운영 지지율은 20% 아래로 내려갔다.

　특단의 대책이 필요하다는 데 의견을 같이한 윤석열과 김용현이 구체적인 계엄 실행계획에 들어간 것은 11월 30일 저녁 무렵으로 보인다. 이날 국방부장관 공관을 찾은 여인형 방첩사령관에게 김용현은 '대통령이 조만간 계엄을 결정할 것'이라며 계엄 대비를 지시하였다. 두 사람은 대통령 관저로 이동해 윤석열의 계엄 발령 의지를 확인하였다. 다음날 윤석열은 김용현에게 비상계엄시 동원할

국회에 출동한 계엄군이 국회의 계엄해제요구 결의안 통과후 철수를 기다리고 있다.

수 있는 병력의 규모를 묻고 병력 배치계획을 의논하였다. 김용현은 곧바로 특전사령관에게 국회, 선관위, 더불어민주당사 등에 부대를 투입할 준비를 갖추도록 명령하였으며, 특전사령관은 사령부 직할 부대인 707특임단에 비상 대기명령을 내렸다.

텔레비전 생중계를 통해 계엄을 선포하다

계엄이 선포된 12월 3일 오전 윤석열은 아무 일도 없다는 듯이 천연덕스럽게 한국을 방문한 키르기스스탄 대통령과 정상회담을 가졌다. 저녁 7시가 조금 넘은 시간, 윤석열은 경찰청장과 서울경찰청장을 삼청동 대통령 안가로 호출하였다. 경찰에 부여된 임무는 비상계엄 선포와 동시에 투입되는 계엄군과 협조해 국회를 통제해달라는 것이었다.

이윽고 윤석열 대통령은 밤 10시 27분 비상계엄을 선포하였다. 계엄은 '긴급 대국민 담화' 형식으로 텔레비전 생중계를 통해 발표되었다. 이날의 계엄은 계엄을 선포할 때는 선포의 이유, 종류, 시행지역, 계엄사령관을 공고하여야 한다는 계엄법을 어긴 채 발령되었다. 관보에도 게재되지 않아 구체적인 내용은 담화문과 포고문을 통해 살펴야 한다. 계엄의 종류는 전국 비상계엄으로 분류되며, 계엄사령관은 박안수 육군참모총장이었다. '종북 반국가세력 척결'이라는 계엄 선포 이유는 터무니없기 짝이 없다.

이날 발령된 계엄은 헌법이 정하고 있는 국무회의 심의 요건도 충족하지 못했다. 의결정족수 11명을 겨우 맞추었으나, 자신의 결단으로 계엄을 강행하겠다는 대통령의 일방적 통보가 있었을 뿐이다.

안건에 대한 실질적 논의는 결여되었으며 회의시간은 겨우 5분이었다. 개회나 종료 선언도 없이 대통령은 말을 마치자마자 계엄 발표를 하러 간다며 자리에서 일어섰다. 회의록이 작성되지 않았고 국무위원들의 부서도 없었다. 반드시 준수해야 하는 국회 통고 절차도 없었다.

계엄이 선포된 지 1시간쯤 지나 국방부 영내에 계엄사령부가 설치되었다. 계엄 선포에 앞서 특전사 707특임대는 헬기를 타고 국회로 출동할 만반의 준비를 갖추고 있었다. 계엄 선포 십 분 전 국방부장관의 출동 명령이 떨어졌다. 하지만 국회에 도착할 때까지 대원들은 자신들이 대북 작전 수행을 위해 출동하는 줄 알고 있었다. 정보사 대원들 역시 계엄 선포 전에 중앙선거관리위원회 점거 임무를 부여받았다. 미리 출동해 중앙선관위 과천청사 인근에 대기하던 그들은 계엄 선포와 동시에 청사 안으로 진입하였다. 국회 봉쇄 임무를 부여받은 경찰은 5개 기동대를 배치해 국회의원의 경내 진입을 통제하였다. 방첩사령부는 체포 대상 인물의 소재를 파악하는 작업에 들어갔다.

이어서 계엄포고령 제1호가 발표되었다. 김용현 국방부장관이 윤석열 대통령과 미리 협의해 준비한 문건이었다.

> 자유대한민국 내부에 암약하고 있는 반국가세력의 대한민국 체제전복 위협으로부터 자유민주주의를 수호하고, 국민의 안전을 지키기 위해 2024년 12월 3일 23:00부로 대한민국 전역에 다음 사항을 포고합니다.
> 1. 국회와 지방의회, 정당의 활동과 정치적 결사, 집회, 시위

등 일체의 정치활동을 금한다.
2. 자유민주주의 체제를 부정하거나, 전복을 기도하는 일체의 행위를 금하고, 가짜뉴스, 여론조작, 허위선동을 금한다.
3. 모든 언론과 출판은 계엄사의 통제를 받는다.
4. 사회혼란을 조장하는 파업, 태업, 집회행위를 금한다.
5. 전공의를 비롯하여 파업중이거나 의료현장을 이탈한 모든 의료인은 48시간 내 본업에 복귀하여 충실히 근무하고 위반시는 계엄법에 의해 처단한다.
6. 반국가세력 등 체제전복세력을 제외한 선량한 일반 국민들은 일상생활에 불편을 최소화할 수 있도록 조치한다. 이상의 포고령 위반자에 대해서는 대한민국 계엄법 제9조(계엄사령관 특별조치권)에 의하여 영장 없이 체포, 구금, 압수수색을 할 수 있으며, 계엄법 제14조(벌칙)에 의하여 처단한다.

2024.12.3.(화)
계엄사령관 육군대장 박안수

참으로 어설프고 폭력적인 포고문이다. 우선 '자유민주주의 체제를 부정'하는 세력의 척결이라는 추상적인 내용을 가지고 비상계엄을 발령한 경우는 일찍이 없었다. 이들 세력을 대표하는 기관으로 국회를 콕 집어 국회와 지방의회의 활동 금지를 포고문에 명시한 경우 역시 처음이다. 의료인처럼 특정 직업군을 적시해 엄벌한다고 한 경우도 처음이다. 살벌하기 짝이 없는 '처단'이라는 단어를 두 번씩이나 사용한 포고문은 박정희나 전두환 때도 없었다.

민주주의의 보루 국회를 지켜달라

계엄 선포 직후 우원식 국회의장은 국회를 긴급소집했다. 더불어민주당 이재명 대표는 국회로 향하는 긴박한 상황에서 유튜브 생중계를 통해 국민에게 국회로 와 '민주주의의 마지막 보루 국회를 지켜달라'고 호소했다. 국회로 달려온 국회의원들은 담장을 넘는 등 경찰의 봉쇄를 뚫고 국회로 들어갔다. 경찰과 군이 국회를 완전 통제하기 전에 다수의 의원이 국회 안으로 들어갈 수 있었다.

자정 가까운 시간에 특전사 707특임대를 태운 헬기가 국회 상공에 나타났다. 수도방위사령부를 위시한 군 병력도 국회 쪽으로 이동하기 시작했다. 국회 운동장에 내린 707특임대는 국회 본관 진입을 시도하였다. 국회 보좌진의 완강한 저항을 뚫고 계엄군은 창문을 통해 본관에 진입하였다. 보좌진 등은 바리케이드를 치고 소화기를 분사하며 맞섰다. 차량을 앞세우고 국회로 향하던 다른 계엄군 부대는 육탄으로 막아서는 시민들한테 막혔다.

시시각각 조여오는 계엄군의 위협 속에서 국회는 계엄 해제를

시민들이 국회 앞에서 윤석열 대통령의 탄핵을 요구하며 시위하고 있다.

위해 바쁘게 움직였다. 자정을 삼십 분 넘겨서야 계엄 해제 정족수에 해당하는 국회의원 150명이 본회의장에 모였다. 국민의힘 의원의 대부분은 국회 인근 국민의힘 당사에 모여 사태를 관망하였다. 국회에 들어와 표결에 참여한 국민의힘 의원은 비주류 계열의 18명에 지나지 않았다. 숨막히는 긴장이 이어지는 가운데 새벽 1시가 다 되어서야 비상계엄 해제 요구 결의안이 안건으로 상정되고 투표에 들어갔다. 재석 190명 중 찬성 190명의 만장일치로 해제안이 가결되는 상황을 텔레비전을 통해 지켜보던 국민은 만세를 불렀다. 국회가 계엄 해제를 요구하면 대통령은 지체없이 계엄을 해제해야 하므로, 이로써 계엄의 효력은 상실된 것이나 다름없었다.

우원식 국회의장은 '국회의 의결에 따라 이제 비상계엄 선포는 무효'라고 밝히며 계엄 해제 요구 통지서를 대통령실과 국방부에 보냈다. 계엄 해제안이 의결되었다는 소식을 전해 들은 계엄군은 국회에서 철수하기 시작했다. 중앙선거관리위원회와 민주당사 등지에 출동한 계엄군도 소속부대로 복귀하였다.

새벽 4시 30분 조금 못 미치는 시간에 윤석열 대통령은 담화를 통해 국무회의 의결정족수가 확보되는 대로 계엄령을 해제할 것이라고 말했다. 내각이 곧바로 계엄령 해제 안건을 승인하면서 계엄사령부도 해체되었다.

피청구인 대통령 윤석열을 파면한다

12월 3일의 계엄은 1987년 민주화 이후 민주주의 선진국으로 자리잡았다고 생각하던 우리 국민에게 큰 충격을 주었다. 계엄 소동을 겪고 날이 밝은 뒤 윤석열 대통령의 사퇴와 탄핵 추진을 위한 비상시국대회가 국회의사당 본관 앞에서 열렸다. 대회에 참석한 야당 의원과 시민들은 불법 계엄 규탄을 넘어 대통령에 대한 내란죄 수사를 촉구했다. 더불어민주당을 비롯한 야 6당은 이날 대통령 탄핵소추안을 제출했다. 대학과 사회 각계에서는 대통령 탄핵을 요구하는 시국선언이 줄을 이었다. 다음날 국가수사본부는 윤석열 내란죄 수사에 착수했고, 검찰 또한 수사에 돌입하였다.

12월 14일의 두 번째 표결에서 204명의 국회의원이 탄핵소추안에 찬성하면서 윤석열 대통령에 대한 헌법재판소의 탄핵심판절차가 개시되었다. 국민의힘에서 탄핵 반대를 당론으로 채택하였으나, 일부 의원이 당론을 거부해 가까스로 의결정족수를 넘길 수 있었다.

탄핵을 하든 수사를 하든 당당히 맞설 것이라던 윤석열은 검찰과 공수처의 출석요구서 수취마저 거부했다. 그는 계엄 직후 한때 자리에서 물러나겠다며 사과하더니 이어진 담화에서는 정당한 계엄이라며 퇴진 요구를 일축했다. 윤석열은 체포영장 집행에 경호처의 물리력으로 맞서는 만용을 부리다가 끝내 체포되어 감옥에 갇혔다. 내란죄 혐의로 수사를 받고 구속 기소된 우리 헌정사 최초의 대통령이 된 것이다. 하지만 그는 국민의 법감정을 배반한 법원과 검찰의 이해할 수 없는 장난질 덕분에 감옥에서 풀려나 한동안 불구속 상태에서 재판을 받았다.

여당과 내각뿐 아니라 검찰 그리고 법원에까지 광범위하게 내란 동조세력이 포진해 있음을 알 수 있다. 이래서는 내란 행위자들에 대한 엄정한 사법적 단죄는 물론 내란을 획책하고 군의 정치적 중립성을 해침으로써 국헌을 문란케 한 사태의 전모를 명명백백히 밝히는 일은 참으로 지난한 일이 되지 않을 수 없다. 야당과 시민사회에서 비상계엄의 위법성을 조사하기 위한 특검 실시를 일관되게 주장한 이유다. 그러나 대통령 권한대행 자리에 오른 윤석열의 후임자들은 이러한 국민적 여망을 외면하였다. 다행히도 2025년 6월 실시된 대통령선거에서 정권교체가 이루어지고 새로운 내란 특검법이 발효됨으로써 진실에 다가갈 가능성이 열렸다.

윤석열 대통령의 탄핵심판은 12월 14일 국회의 탄핵소추 의결서가 헌재에 접수되면서 재판 절차가 시작되었다. 신중에 신중을 기해 심리를 진행한 헌재는 2025년 4월 4일, 재판관 8인 만장일치로 윤석열 대통령의 탄핵을 인용하였다. 문형배 헌법재판소장 권한대행이 낭독한 탄핵심판 결정요지의 마지막 부분은 이렇다.

> 국민 모두의 대통령으로서 자신을 지지하는 국민을 초월하여 사회 공동체를 통합시켜야 할 책무를 위반하였습니다. 군경을 동원하여 국회 등 헌법기관의 권한을 훼손하고 국민의 기

헌법재판소에서 진행된 윤석열 대통령 탄핵심판 재판.

본적 인권을 침해함으로써 헌법 수호의 책무를 저버리고 민주공화국의 주권자인 대한국민의 신임을 중대하게 배반하였습니다. 결국 피청구인의 위헌, 위법 행위는 국민의 신임을 배반한 것으로 헌법 수호의 관점에서 용납될 수 없는 중대한 법 위반 행위에 해당합니다. 피청구인의 법 위반 행위가 헌법질서에 미친 부정적 영향과 파급 효과가 중대하므로 피청구인을 파면함으로써 얻는 헌법 수호의 이익이 대통령 파면에 따르는 국가적 손실을 압도할 정도로 크다고 인정됩니다. 이에 재판관 전원의 일치된 의견으로 주문을 선고합니다. …

주문: 피청구인 대통령 윤석열을 파면한다.

참고문헌

1987PRESS 편집부, 《비상계엄: 2024년 윤석열정부 비상계엄사태》, 1987PRESS, 2024.
강만길, 《고쳐 쓴 한국현대사》, 창비, 2018.
강준만, 《한국현대사산책》, 인물과사상사, 2004.
권영성, 《헌법학원론》, 법문사, 2005.
김경학 외, 《전쟁과 기억》, 한울아카데미, 2005.
김도창, 《계엄》, 법문사, 1968.
김동춘, 《전쟁과 사회》, 돌베개, 2000.
김무용, 《한국 계엄령 제도의 역사적 기원과 변천》, 선인, 2015.
김삼웅, 《광복후 양민학살사》, 가람기획, 1996.
김영택, 《한국전쟁과 함평양민학살》, 사회문화원, 2001.
김증기, 《한국군사사》, 경남대출판부, 2011.
김춘수, 《한국 계엄의 기원》, 선인, 2018.
박명림, 《한국 1950: 전쟁과 평화》, 나남출판, 2005.
박세길, 《다시 쓰는 한국현대사》 1~3, 돌베개, 2015.

박태균, 《사건으로 읽는 대한민국》, 역사비평사, 2013.
브루스 커밍스(김동노 외 번역), 《브루스 커밍스의 한국현대사》,
    창작과비평사, 2001.
서중석 글, 민주화운동기념사업회 기획, 《한국현대사 60년》, 역사비평사, 2008.
서중석, 《한국현대 민족운동연구 2》, 역사비평사, 1996.
선우종원, 《사상검사》, 계명사, 1992.
역사문제연구소 편, 《분단 50년과 통일시대의 과제》, 역사비평사, 1995.
육군본부, 《계엄사》, 육군본부, 1976.
이완범, 《미국의 한국정치 개입사 연구》 1~6, 한국학중앙연구원출판부, 2022.
정병준·홍석률 외, 《한국현대사》 1~2, 푸른역사, 2018.
정용욱·노영기 외, 《구술로 본 한국현대사와 군》, 선인, 2020.
강성재, 《참군인 이종찬 장군》, 동아일보사, 1996.
조병옥, 《주병옥 나의 회고록》, 헤동, 1986.
진덕규 외, 《1950년대의 인식》, 한길사, 1981.
한국정신문화연구원 편, 《장면·윤보선·박정희》, 백산서당, 2022.
한승헌, 《재판으로 본 한국현대사》, 창비, 2016.
한용원, 《한국의 군부정치》, 대왕사, 1993.
한인섭, 《계엄과 내란을 넘어》, 아마존의나비, 2025.
합동참모본부, 《계엄실무편람》, 2018.
해광 편집부, 《계엄법: 법령, 시행령》, 2024.

김도창, 〈계엄〉, 서울대학교 박사학위논문, 1968.
김보훈, 〈국가긴급권으로서 12·3비상계엄의 위헌성과 위법성 검토〉,
    《국가법연구》 제21집 1호, 2025.2
김창녹, 〈1948년 헌법 제100조: 4·3계엄령을 통해 본 일제법령의 효력〉,
    부산대 법학연구소 편, 《법학연구》 제47권 1호, 1998.
노영기, 〈육군 창설기(1947-1949년)의 숙군에 관한 연구〉, 성균관대학교
    석사학위논문, 1997.

백윤철·김상겸, 〈6·25전쟁 전후 계엄업무 수행체계 연구〉, 국방부, 2006.
오병헌, 〈계엄법의 기원과 문제점〉, 《사법행정》 제397권 1호, 1994. 1.
이상철, 〈계엄법에 관한 문제점 고찰〉, 《안암법학》 12호, 2001.
조 국, 〈한국 근현대사에서의 사상통제법〉, 《역사비평》 1988년 여름호.

이미지 출처

13쪽 National Archives and Records Administration
16쪽 국사편찬위원회
17쪽 국사편찬위원회
20쪽 10월항쟁민간인희생자유족회
26쪽 National Archives and Records Administration
29쪽 유나인뉴스
38쪽 라이프지
39쪽 라이프지
42쪽 라이프지
45쪽 라이프지
46쪽 라이프지
51쪽 국립민속박물관
53쪽 National Archives and Records Administration
55쪽 National Archives and Records Administration
58쪽 국가기록원

60쪽	National Archives and Records Administration
66쪽	National Archives and Records Administration
70쪽	대한민국역사박물관
73쪽(상)	National Archives and Records Administration
73쪽(하)	National Archives and Records Administration
76쪽	Imperial War Museums
83쪽	한국저작권위원회
84쪽	경향신문
87쪽	심산김창숙선생기념사업회
88쪽	국회기록보존소
95쪽	3·15의거기념사업회
96쪽	동아일보
99쪽	대한민국역사박물관
101쪽	한국학중앙연구원
102쪽	국가기록원
104쪽	국가기록원
106쪽	위키피디아
109쪽(상)	아사히신문
109쪽(하)	한국학중앙연구원
113쪽	아사히신문
116쪽	위키피디아
120쪽	외교통상부
122쪽	한국정책방송원
124쪽	한국정책방송원
128쪽	국가기록원
132쪽	경향신문
136쪽	한국정책방송원
138쪽	국가기록원

140쪽 국가기록원
142쪽 백종식(위키피디아)
144쪽 대한민국역사박물관
148쪽 동아일보(대한민국역사박물관)
151쪽 민주화운동기념사업회
152쪽 민주화운동기념사업회
158쪽 위키피디아
161쪽 국가기록원
164쪽 대한민국역사박물관
166쪽 국가기록원
167쪽 국가기록원
168쪽 국가기록원
172쪽 mujjingun
173쪽 위키피디아
177쪽 mujjingun
181쪽 Hashflu
184쪽 헌법재판소